ACIDENTES DE VIAÇÃO

A. ABRANTES GERALDES

ACIDENTES DE VIAÇÃO

ALMEDINA

ACIDENTES DE VIAÇÃO

AUTOR
A. ABRANTES GERALDES
COORDENADOR DA COLECÇÃO "DIREITOS E DEVERES
DOS CIDADÃOS"
EDGAR VALLES

EDITOR
EDIÇÕES ALMEDINA, SA
Av. Fernão Magalhães, n.º 584, 5.º Andar
3000-174 Coimbra
Tel.: 239 851 904
Fax: 239 851 901
www.almedina.net
editora@almedina.net

PRÉ-IMPRESSÃO | IMPRESSÃO | ACABAMENTO
G.C. – GRÁFICA DE COIMBRA, LDA.
Palheira – Assafarge
3001-453 Coimbra
producao@graficadecoimbra.pt

Março, 2009

DEPÓSITO LEGAL
290790/09

Os dados e as opiniões inseridos na presente publicação
são da exclusiva responsabilidade do(s) seu(s) autor(es).

Toda a reprodução desta obra, por fotocópia ou outro qualquer
processo, sem prévia autorização escrita do Editor, é ilícita
e passível de procedimento judicial contra o infractor.

Biblioteca Nacional de Portugal – Catalogação na Publicação

GERALDES, António Santos Abrantes

Acidentes de viação. – (Direitos e Deveres dos Cidadãos)
ISBN 978-972-40-3679-3

CDU 347
     368

ADVERTÊNCIA

Na elaboração deste guia, teve o autor a preocupação essencial de traduzir em linguagem acessível o que de mais relevante decorre da legislação vigente em Portugal sobre o tema, de forma a que o cidadão possa apreender as questões que lhe surgem no dia-a-dia.

Tendo em conta a extensão da matéria e a diversidade das situações da vida real, não é possível, nem conveniente, o seu tratamento exaustivo. Por isso, foram abordadas apenas as situações mais frequentes ou aquelas relativamente às quais pareceu mais necessária ou útil a informação.

As informações constantes deste obra baseiam-se no quadro legal em vigor. Alerta-se, no entanto, o leitor para a diversidade das situações da vida real, para a variedade das circunstâncias, para a possibilidade de alteração da lei e ainda para o facto de as normas jurídicas aplicáveis admitirem, por vezes, mais do que uma interpretação.

Faz-se ainda notar que, tratando-se de uma obra com intuitos essencialmente informativos, é sempre aconselhável a consulta de entidades, serviços ou técnicos especialmente habilitados, designadamente advogados e solicitadores que, dispondo de elementos pertinentes, estarão em condições de fornecer informações ou orientações adequadas sobre os direitos ou as obrigações em causa.

INDICE

Advertência 5

Siglas principais 9

1. Deveres essenciais relativos à condução de veículos ... 11
   I – Deveres gerais de circulação 11
   II – Deveres gerais relativos ao condutor 21
   III – Deveres gerais relativos ao veículo 28

2. Seguro automóvel 30

3. Ocorrência de acidente de viação 42
   I – Aspectos gerais 42
   II – Algumas situações mais frequentes 48
   III – Actuações imediatas em caso de ocorrência de
       acidentes de viação 52
   IV – Participação do acidente 57

4. Indemnização por acidente de viação 59
   I – Regras essenciais em matéria de indemnizações ... 59
   II – Indemnizações em casos de morte e de lesões
       corporais 61

5. Regularização de acidentes de viação por via consen-
   sual 72
   I – Sistema de Indemnização Directa ao Segurado
       (IDS) 72
   II – Regularização de acidentes de viação: aspectos
       gerais 74
   III – Regularização de acidentes em casos de danos
       materiais 77
   IV – Regularização de acidentes com morte ou danos
       corporais 82

6. Contencioso dos acidentes de viação 89
   I – Tribunais arbitrais 90

Índice

II – Julgados de paz 92

III – Acção judicial 94

7. Apêndice: *Portaria n.º 377/2008, de 26 de Maio e Tabelas para efeitos de regularização de acidentes com danos corporais* 103

8. Legislação principal 119

9. Léxico 121

SIGLAS PRINCIPAIS

A.P.S.   – Associação Portuguesa de Seguradores
C.C.   – Código Civil
C.E.   – Código da Estrada
C.I.M.A.S.A.   – Centro de Informação, Mediação e Arbitragem de Seguros Automóveis
C.P.   – Código Penal
F.G.A.   – Fundo de Garantia Automóvel
G.P.C.V.   – Gabinete Português da Carta Verde
I.D.S.   – Indemnização Directa ao Segurado
I.S.P.   – Instituto de Seguros de Portugal
L.S.O.   – Lei do Seguro Obrigatório de Responsabilidade Civil Automóvel

DEVERES ESSENCIAIS RELATIVOS
À CONDUÇÃO DE VEÍCULOS

Introdução

A condução de veículos envolve riscos de acidente que naturalmente não podem ser eliminados na totalidade. Mas, sem dúvida alguma, podem ser atenuados mediante a adopção de comportamentos mais seguros que estão no domínio exclusivo dos condutores e demais utilizadores das vias públicas, contribuindo para a redução da elevada taxa de sinistralidade rodoviária.

Para além do cumprimento de regras de ordem ética ou social que contribuem para a melhor fluência do tráfego e convivência social em espaços públicos, e sem prejuízo de uma atitude cívica que se deve caracterizar pela condução preventiva, a redução do número de acidentes de viação ou das suas consequências depende, em larga medida, do acatamento espontâneo das regras que regulam a condução de veículos na via pública.

Sendo exigível o seu conhecimento por parte de todos quantos estão habilitados a conduzir veículos na via pública, deixam-se expostos as que nos parecem mais relevantes.

I – Deveres gerais de circulação

1. Quem está abrangido pelos deveres relacionados com a circulação?

Ainda que as regras de circulação se destinem essencialmente aos condutores de veículos, existem deveres gerais que se aplicam a outras pessoas, designadamente aos passageiros e peões.

Deveres Essenciais relativos à Condução de Veículos

Assim, por exemplo:

a) Qualquer pessoa deve evitar actos que impeçam ou embaracem o trânsito ou que comprometam a segurança ou a comodidade dos utentes da via (art. 3.º CE);

b) Qualquer utente da via deve obedecer às ordens legítimas das autoridades com competência para regular e fiscalizar o trânsito (art. 4.º CE).

2. Quais os deveres gerais dos condutores?

Sem prejuízo dos deveres cívicos que decorrem de regras de comportamento ético, moral ou social, os condutores de veículos estão especialmente obrigados a cumprir os deveres que decorrem de normas jurídicas, com especial destaque para as previstas no Código da Estrada e nos respectivos Regulamentos.

Não sendo possível nem necessário indicá-las exaustivamente, enunciam-se as regras e os correspondentes deveres essenciais.

Assim, em termos exemplificativos, qualquer condutor deve:

a) Abster-se de praticar actos susceptíveis de prejudicar o exercício da condução com segurança (art. 11.º CE);

b) Antes de iniciar ou retomar a marcha, o condutor deve assinalar com a necessária antecedência a sua intenção e deve adoptar as precauções necessárias a evitar qualquer acidente (art. 12.º CE);

c) Em regra, o trânsito de veículos deve ser feito pelo lado direito da faixa de rodagem e o mais próximo possível do passeio ou da berma, a uma distância que permita evitar acidentes, só podendo utilizar-se o lado esquerdo para ultrapassar ou para mudar de direcção (art. 13.º CE);

d) Em regra, sempre que existam duas ou mais filas de trânsito no mesmo sentido, o veículo deve transitar pela direita, salvo se nesta não houver lugar ou se o condutor pretender ultrapassar ou mudar de direcção (art. 14.º CE);

e) Nos cruzamentos, entroncamentos e rotundas o condutor deve dar a esquerda à parte central, postes, ilhéus direc-

Deveres Essenciais relativos à Condução de Veículos

cionais ou dispositivos semelhantes que se encontrem no eixo da faixa de rodagem de onde vem o veículo (art. 16.º CE).

3. Quais os deveres especificamente relacionados com a velocidade?

a) O condutor deve regular a velocidade, tendo em conta as características e o estado da via e do veículo, a carga transportada, as condições de tempo, a intensidade de trânsito e outras circunstâncias concretamente relevantes, de modo que possa executar com segurança manobras que sejam previsíveis e, em especial, consiga fazer parar o veículo no espaço livre e visível à sua frente (art. 24.º CE);

b) O condutor deve moderar especialmente a velocidade na aproximação de passadeiras para peões, escolas, hospitais, creches ou estabelecimento similares sinalizados, nas localidades ou em vias marginadas por edificações, na aproximação de aglomerações de pessoas ou animais, nas descidas de inclinação acentuada, nas curvas, cruzamentos, entroncamentos, rotundas ou outros locais de visibilidade reduzida, nas pontes, túneis e passagens de nível, nos troços da via em mau estado de conservação, molhados, enlameados ou com precárias condições de aderência, nos locais assinalados com sinais de perigo e sempre que exista grande intensidade de trânsito (art. 25.º CE);

c) Sem prejuízo dos deveres anteriores, o condutor não deve ultrapassar os limites de velocidade, que variam de acordo com os sinais específicos, com o tipo de veículo e com o local por onde este circula. A título meramente exemplificativo, e sem prejuízo de outras indicações específicas, a velocidade máxima permitida para os veículos automóveis ligeiros de passageiros, sem reboque, é de 50 km/h dentro das localidades, de 120 km/h nas auto-estradas, de 100 km/h nas vias reservadas a automóveis e motociclos e de 90 km/h nas vias restantes (art. 27.º CE);

d) Salvo em caso de perigo iminente (por exemplo, para evitar uma colisão com outro veículo, pessoa ou objecto), em casos de diminuição súbita da velocidade do veículo, o

Deveres Essenciais relativos à Condução de Veículos

condutor deve certificar-se que daí não resulta perigo para os demais utentes da via, nomeadamente para os condutores dos veículos que seguem na sua retaguarda (art. 24.º CE);

e) Sendo verdade que o condutor não deve exceder os limites de velocidade, também não deve transitar a uma velocidade de tal modo reduzida que cause embaraço para o trânsito (art. 26.º CE). Aliás, nas auto-estradas não poderá, em regra, transitar a velocidade inferior a 50 km/h (art. 27.º CE).

4. Quais os deveres do condutor em relação a outros veículos?

São essencialmente os seguintes:

a) Manter em relação ao veículo da frente a distância suficiente para evitar acidentes em caso de paragem súbita ou de diminuição da velocidade desse veículo;

b) Manter em relação aos veículos que transitam no mesmo sentido ou em sentido contrário a distância lateral necessária para evitar acidentes (art. 18.º CE);

c) Quando tenha de ceder a passagem, o condutor deve abrandar a marcha e, se necessário, parar, a fim de permitir a passagem do outro veículo, sem que este tenha de alterar a velocidade ou a direcção do mesmo (art. 29.º CE).

5. Em que situações o condutor deve ceder a passagem?

Sem prejuízo dos casos em que exista sinal indicativo, a cedência de passagem está prevista designadamente para as seguintes situações:

a) Em relação aos veículos que se apresentem pela direita nos cruzamentos ou nos entroncamentos (art. 30.º CE);

b) Na entrada em rotundas;

c) Nas saídas de parques de estacionamento, de zonas de abastecimento de combustível, de prédios ou de caminhos particulares;

d) Na entrada, pelos ramais de acesso, de auto-estradas ou de vias reservadas a automóveis ou motociclos;

e) À saída de passagens de nível (art. 31.º CE);

f) Em regra, o condutor deve ceder a passagem a veículos prioritários (ou seja, veículos em missão de polícia, prestação de socorro ou serviço urgente de interesse público) que assinalem devidamente a sua marcha (art. 65.º CE);

g) Em regra, o condutor de velocípedes, de veículos de tracção animal ou de animais deve ceder a passagem a veículos com motor (art. 32.º CE).

Além disso, em regra, quando a faixa de rodagem se encontrar parcialmente obstruída, o condutor que tenha de utilizar a parte esquerda para contornar o obstáculo deve ceder a passagem. Quando a via for demasiado estreita ou se encontrar obstruída de ambos os lados, é o condutor do veículo que chegar depois que deve ceder a passagem ou, se se tratar de via de forte inclinação, o condutor do veículo que desce (art. 33.º CE);

6. O dever de ceder a passagem atribui ao outro condutor um direito absoluto de passagem?

Não existe um direito absoluto de passagem.

É verdade que o condutor concretamente obrigado a ceder a passagem deve abrandar a marcha e, se necessário, parar, a fim de permitir a passagem do outro veículo sem que este tenha de alterar a velocidade ou a direcção. Mas, sendo legítimo esperar que todos os utentes da via cumprirão as regras de circulação, designadamente em termos de cedência de passagem, a lei também determina que *"o condutor com prioridade de passagem deve observar as cautelas necessárias à segurança do trânsito"* (art. 29.º CE).

Em lugar de se falar na existência de um *"direito de prioridade"* atribuído a um dos condutores, é mais correcto encarar a situação de encontro de dois ou mais veículos num determinado ponto sob a perspectiva do condutor ou dos condutores obrigados ao *"dever de ceder a passagem"*.

7. Quais são os deveres em relação a manobras em geral?

As manobras de ultrapassagem, de mudança de direcção ou de via de trânsito, de inversão do sentido de marcha e de marcha atrás, quando possam realizar-se, só podem ser feitas em locais e por forma a que da sua realização não resulte perigo ou embaraço para o trânsito (art. 35.º).

8. Quais os deveres específicos em relação à manobra de ultrapassagem?

a) A manobra de ultrapassagem apenas pode ser efectuada em local e de forma que da sua realização não resulte perigo ou embaraço para o trânsito (art. 35.º CE);

b) Deve, em regra, ser efectuada pela esquerda. No entanto, deve utilizar-se a parte direita da faixa de rodagem quando se trate de ultrapassagem de veículos ou de animais cujo condutor tenha assinalado a intenção de mudar para a esquerda ou quando, numa via de sentido único, esse condutor tenha assinalado a sua intenção de parar ou de estacionar à esquerda, deixando livre a parte direita da faixa de rodagem (art. 37.º CE);

c) Antes de iniciar a manobra de ultrapassagem o condutor deve observar cuidados específicos, a fim de evitar acidentes, certificando-se:

- que pode realizar a manobra sem perigo de colidir com veículo que circule no mesmo sentido ou em sentido contrário;
- que a faixa de rodagem se encontra livre na extensão e largura necessárias à realização da manobra com segurança;
- que no fim da manobra poderá retomar a direita sem perigo para os que aí transitam;
- que nenhum outro condutor seguindo na mesma via ou na via que se situa à sua esquerda iniciou a manobra de ultrapassagem;

Deveres Essenciais relativos à Condução de Veículos

– e que o condutor que o antecede não assinalou também a sua intenção de ultrapassar um terceiro veículo ou de contornar um obstáculo (art. 38.º CE);

d) Sempre que não haja obstáculos que o impeça, os demais condutores devem facultar a ultrapassagem, desviando-se o mais possível; além disso, não devem aumentar a velocidade (art. 39.º CE);

e) A obrigação de facilitar a ultrapassagem é mais incisiva em relação a veículos de marcha lenta, os quais, fora das localidades, devem manter em relação aos veículos que circulam à sua frente uma distância não inferior a 50 metros que permita realizar a sua ultrapassagem com segurança; os respectivos condutores devem ainda reduzir a velocidade ou parar, sempre que a largura livre da faixa de rodagem, o seu perfil ou o estado de conservação da via não permitam que a ultrapassagem se faça com segurança, em termos normais (art. 40.º CE);

f) Concluída a manobra de ultrapassagem, o condutor deve retomar a direita logo que o possa fazer sem perigo (art. 38.º CE);

g) Salvo quando sejam possíveis duas ou mais filas de trânsito no mesmo sentido, e sem prejuízo dos casos em que exista sinal de proibição de ultrapassagem, esta não é permitida nas lombas, imediatamente antes e nas passagens de nível, imediatamente antes e nos cruzamentos e entroncamentos e nas curvas de visibilidade reduzida; além disso, é sempre proibida a ultrapassagem imediatamente antes e nas passagens assinaladas para a travessia de peões, em locais de visibilidade reduzida, sempre que a largura da faixa seja insuficiente ou sempre que o veículo que se pretende ultrapassar esteja, por sua vez, a ultrapassar outro (art. 41.º CE).

Importa notar que não se considera ultrapassagem o facto de, em locais onde sejam possíveis duas ou mais filas de trânsito, os veículos de uma fila circularem mais rapidamente do que os da outra fila (art. 42.º CE).

9. Quais os deveres específicos em relação à manobra de mudança de direcção?

a) Quando seja permitida, a manobra de mudança de direcção deve ser efectuada em local e de forma que da sua realização não resulte perigo ou embaraço para o trânsito (art. 35.º CE);

b) Pretendendo mudar de direcção para a sua direita, o condutor deve aproximar-se, com a necessária antecedência, tanto quanto possível, da direita da faixa de rodagem e efectuar a manobra no trajecto mais curto possível (art. 43.º CE);

c) Pretendendo mudar de direcção para a esquerda, o condutor, de acordo com as circunstâncias, deve aproximar-se do limite esquerdo da faixa de rodagem ou do eixo da via, consoante seja destinada apenas a um ou a ambos os sentidos de trânsito, efectuando a manobra de modo a entrar pelo lado destinado ao seu sentido de circulação (art. 44.º CE);

d) O condutor deve ainda ter em especial atenção os peões que já tenham iniciado a travessia da via visada pela mudança de direcção, devendo reduzir a velocidade ou, se necessário, parar, por forma a deixá-los passar (art. 103.º CE).

10. Quais os deveres em relação à manobra de inversão do sentido de marcha?

a) A manobra de inversão do sentido de marcha apenas pode ser efectuada em local e de modo que da sua realização não resulte perigo ou embaraço para o trânsito (art. 35.º CE);

b) Para além dos casos em que exista sinal de proibição, a inversão de sentido de marcha é proibida nos seguintes locais: lombas, curvas, cruzamentos ou entroncamentos de *visibilidade reduzida*, pontes, passagens de nível e túneis, nos locais em que a visibilidade seja insuficiente ou a via seja inadequada à realização da manobra e sempre que se verifique grande intensidade de trânsito (art. 45.º CE);

c) A inversão de sentido de marcha é sempre proibida nas auto-estradas e em quaisquer vias reservadas a automóveis e motociclos (art. 72.º CE).

11. Quais os deveres em relação à manobra de marcha atrás?

a) Apenas pode ser efectuada em local e de modo que da sua realização não resulte perigo ou embaraço para o trânsito (art. 35.º CE);

b) Só é permitida como manobra auxiliar ou de recurso, devendo efectuar-se lentamente e no menor trajecto possível (art. 46.º CE);

c) É proibida nos seguintes locais: nas lombas, nas curvas, rotundas e cruzamentos ou entroncamentos de visibilidade reduzida, nas pontes, passagens de nível e túneis, nos locais onde a visibilidade seja insuficiente ou em que a via seja inadequada à realização da manobra e sempre que se verifique grande intensidade de trânsito (art. 47.º CE);

d) É sempre proibida nas auto-estradas e em quaisquer vias reservadas a automóveis e motociclos (art. 72.º CE).

12. Qual a diferença entre paragem e estacionamento?

Considera-se paragem a imobilização de um veículo pelo tempo estritamente necessário para a entrada e saída de passageiros ou para breves operações de carga e descarga, desde que o condutor esteja pronto a retomar a marcha e o faça sempre que estiver a impedir ou a dificultar a passagem de outros veículos.

Já o estacionamento é a imobilização de veículo que não constitua paragem e que não seja motivada por circunstâncias próprias da circulação (art. 48.º CE).

13. Quais as regras essenciais para a paragem e para o estacionamento de veículos?

a) Dentro das localidades, a paragem ou o estacionamento devem fazer-se nos locais especialmente destinados para tal ou no lado direito da faixa de rodagem, atento o sentido de marcha (art. 48.º CE);

Deveres Essenciais relativos à Condução de Veículos

b) Fora das localidades, a paragem e o estacionamento devem ocorrer fora da faixa de rodagem; se a paragem for impossível fora da faixa de rodagem, deve fazer-se o mais próximo possível do lado direito, paralelamente e no sentido de marcha (art. 48.º CE).

14. Onde é proibida a paragem ou o estacionamento?

a) Sempre que exista sinal de proibição;

b) Designadamente nos seguintes locais: rotundas, pontes, túneis, passagens de nível, passagens inferiores ou superiores e em todos os casos de *visibilidade insuficiente*, a menos de 5 metros dos cruzamentos, entroncamentos, rotundas ou passagens assinaladas para a travessia de peões, a menos de 5 metros para a frente e 25 metros para trás dos sinais indicativos de paragem de veículos de transporte colectivo de passageiros, nos passeios e demais locais destinados ao trânsito de peões (art. 49.º CE);

c) Nas auto-estradas e em quaisquer vias reservadas a automóveis e motociclos, ainda que fora da faixa de rodagem, salvo nos casos especialmente destinados a esse fim (art. 72.º CE);

d) Na faixa de rodagem sempre que exista uma linha longitudinal contínua e entre esta e o veículo fique uma distância inferior a 3 metros (art. 49.º CE);

e) Fora das localidades, é sempre proibido parar ou estacionar a menos de 50 metros para um lado e para o outro dos cruzamentos, entroncamentos, rotundas, curvas ou lombas de *visibilidade reduzida*, e é vedado estacionar nas faixas de rodagem (art. 49.º CE);

f) Em relação ao estacionamento, deve ainda considerar-se que é proibido, designadamente, quando impeça o trânsito de veículos ou obrigue à utilização da faixa de rodagem destinada ao sentido contrário; também é proibido em segunda fila, nas faixas de rodagem, e ainda nos casos em que impeça a saída de veículos estacionados ou o acesso de pessoas ou veículos a propriedades, parques ou lugares de estacionamento (art. 50.º CE).

Deveres Essenciais relativos à Condução de Veículos

15. Existem outras regras importantes em matéria de condução de veículos?

a) O condutor não deve entrar num cruzamento ou entroncamento, ainda que as regras de cedência de passagem ou de sinalização o permitam, sempre que seja previsível que, atenta a intensidade do trânsito, possa ficar imobilizado, perturbando a circulação transversal (art. 69.º CE);

b) Ao aproximar-se de passagem de peões em locais onde a circulação se faça com semáforos, mesmo que a sinalização permita avançar, o condutor deve deixar passar os peões que já tenham empreendido a travessia da via;

c) Nas demais passadeiras de peões, o condutor deve reduzir a velocidade ou, se necessário, parar, a fim de deixar passar os peões que já tenham iniciado a travessia;

d) Em caso de mudança de direcção, mesmo que não exista passagem assinalada para a travessia de peões, o condutor deve reduzir a velocidade e, se necessário, parar, a fim de deixar passar os peões que já tenham iniciado a travessia (art. 103.º);

e) Devem ser utilizadas luzes avisadoras de perigo sempre que o veículo represente um perigo especial para os outros utentes da via, em caso de redução súbita da velocidade provocada por obstáculo imprevisto ou pelas condições de visibilidade e em caso de imobilização forçada do veículo por acidente ou avaria ou sempre que represente um perigo para os demais utentes da via (art. 63.º CE).

II – Deveres gerais relativos ao condutor

16. Quem está legalmente habilitado a conduzir?

Só pode conduzir veículos a motor na via pública quem estiver legalmente habilitado para o efeito com carta de condução ou licença de condução, sem prejuízo dos casos de instrução ou exame de condução (art. 121.º CE).

17. Qual a diferença entre carta de condução e licença de condução?

A carta de condução é o documento que habilita uma pessoa a conduzir veículos automóveis, motociclos, triciclos e quadriciclos.

A licença de condução habilita a conduzir motociclos de cilindrada não superior a 50 cm3, ciclomotores e outros veículos a motor para cuja condução se não exija carta de condução (art. 122.º CE).

18. Que consequências determina a condução de veículo sem a devida habilitação?

O possuidor de carta de condução ou de licença de condução reúne as condições fixadas pela lei que o habilitam a efectuar a condução do veículo abarcado pelo respectivo título. Pelo contrário, quando falta a habilitação legal, tal significa que não está reunida uma condição objectiva imprescindível à actividade de condução na via pública.

O responsável pela condução ilegal incorre na prática de um crime quando faltar de todo qualquer habilitação para conduzir (art. 3.º da Lei n.º 2/98, de 3-1). A infracção será punida como *contra-ordenação*, com *coima*, quando se tratar de uma situação em que o condutor é possuidor de carta de condução, mas esta não o habilita a conduzir o concreto veículo (arts. 123.º a 125.º CE).

Mas não são apenas estas as consequências da infracção. Em caso de ocorrência de acidente, o facto de o condutor não estar legalmente habilitado constitui um forte motivo para que possa ser responsabilizado pelas respectivas consequências (morte, lesões corporais, *danos materiais*).

No que respeita concretamente aos danos causados a terceiros, há ainda que ter em conta o seguinte: o facto de o condutor não possuir habilitação legal para conduzir não afasta a responsabilidade da seguradora do veículo. Isto é, desde que exista contrato de seguro de responsabilidade civil, a segura-

Deveres Essenciais relativos à Condução de Veículos

dora responderá perante os terceiros lesados pelo pagamento das indemnizações, até ao limite do capital seguro. Porém, o condutor poderá ser obrigado a reembolsar a seguradora das quantias que esta venha a pagar em consequência do sinistro (art. 27.º LSO). (*ver questão n.º 46*)

19. Quais as consequências da condução sob efeito de álcool ou de substâncias psicotrópicas (drogas)?

É proibido conduzir veículos sob influência de álcool ou de drogas (art. 81.º CE).

A condução em tais condições pode gerar diversos tipos de responsabilidade: responsabilidade criminal, responsabilidade por *contra-ordenações* ou responsabilidade civil.

Importará tratar, acima de tudo, da condução sob efeito do álcool, tendo em conta a frequência com que ocorre.

20. Em que medida o álcool afecta a capacidade de condução?

Está provado cientificamente que o álcool afecta a capacidade de condução, nomeadamente ao nível da percepção da realidade, dos reflexos ou da reacção do condutor, multiplicando o risco de ocorrência de acidentes, em função da taxa de alcoolemia e das características próprias de cada indivíduo.

21. Quando se pode afirmar que a condução é feita sob efeito do álcool?

A lei apenas atribui relevo à ingestão de álcool que exceda uma determinada quantidade. Sendo proibido "*conduzir sob influência do álcool*", a lei apenas considera como tal o condutor que apresente uma taxa de álcool no sangue igual ou superior a 0,5 gr/litro (art. 81.º CE).

22. Como é feita a conversão dos valores de teor do álcool no ar expirado em teor de álcool no sangue?

Para o efeito de medição da taxa de alcoolemia foi adoptado um critério que cruza a quantidade de álcool ingerido com a quantidade de sangue em circulação no organismo humano.

A conversão dos valores de teor de álcool expirado em teor de álcool no sangue, que serve para verificar se existe ou não infracção, é baseada no princípio de que um miligrama de álcool por litro de ar expirado equivale a 2,3 gr. de álcool por litro de sangue (art. 81.º CE).

23. Quais são os aspectos mais importantes em relação à condução sob efeito do álcool?

a) Basta que a taxa de alcoolemia seja igual ou superior a 0,5 gr/litro de sangue para que seja proibida a condução de veículos;

b) Com uma taxa igual ou superior a 0,5 gr/l e inferior a 0,8 gr/l o condutor pratica uma *contra-ordenação* grave, punida com uma *coima* cujo montante varia entre € 250,00 e € 1.250,00, estando ainda sujeito à medida de inibição de conduzir entre 1 mês e 1 ano;

c) Com uma taxa igual ou superior a 0,8 gr/l e inferior a 1,2 gr/l, o condutor comete uma contra-ordenação muito grave, punida com uma coima entre € 500,00 e € 2.500,00, estando ainda sujeito à medida de inibição de conduzir entre 2 meses e 2 anos;

d) Com uma taxa igual ou superior a 1,2 gr/l, a condução já é considerada crime (art. 292.º do CP), sujeitando-se o condutor a que o tribunal lhe aplique uma pena de prisão até 1 ano ou uma pena de multa até 120 dias, e ainda a medida de inibição de conduzir pelo período que pode ir de 3 meses a 3 anos.

Aliás, nos casos em que o condutor criar um perigo especial (para a vida, integridade física ou bens de terceiros de valor elevado), é aplicável uma pena ainda mais grave (art. 291.º do CP), podendo ser determinada ainda a apreensão definitiva do título de condução (se o condutor estiver legalmente habilitado a conduzir) ou a interdição da concessão (nos casos em que o condutor nem sequer possua habilitação legal para conduzir).

Não sendo possível determinar antecipadamente, com rigor, a quantidade de álcool que cada pessoa pode ingerir sem correr o risco de atingir a taxa de 0,5 gr/l, o melhor conselho é o de evitar pura e simplesmente o consumo de álcool sempre que seja previsível a condução de veículos, ou evitar a condução de veículos sempre que o condutor tenha ingerido bebidas alcoólicas, ganhando, assim, toda a pertinência o anúncio frequentemente difundido em acções de prevenção rodoviária: *"se conduzir, não beba; se beber, não conduza"*.

24. Que tipos de responsabilidade podem decorrer da condução sob efeito do álcool?

A responsabilidade decorrente da condução sob efeito do álcool pode ser de diversa natureza.

Para além das consequências já referidas no ponto anterior (correspondentes à prática de crimes ou de contra-ordenações graves ou muito graves), a prova de que o condutor seguia com grau de alcoolemia superior ao legalmente permitido será ainda relevante para determinar a atribuição ao condutor de responsabilidade criminal ou de responsabilidade civil nos casos em que seja interveniente em acidente de que tenha resultado para outras pessoas morte, lesão corporal ou *danos materiais*.

Sendo seguro que, acima do valor máximo permitido (0,5 gr/l), é afectada a capacidade de condução de viaturas, a prova desse facto poderá exercer uma forte influência quando se trate de apurar a responsabilidade no âmbito do processo criminal ou do processo de natureza cível que venha a ser instaurado. Com efeito, os tribunais, sem prejuízo da ponderação

Deveres Essenciais relativos à Condução de Veículos

das circunstâncias que envolveram o acidente, com base nas regras da experiência, poderão ser levados a atribuir a responsabilidade civil ou a responsabilidade criminal ao condutor que apresente uma taxa de alcoolemia superior à legalmente permitida.

25. O facto de existir contrato de seguro afasta a responsabilidade civil do condutor sob efeito de álcool?

Não. É errado pensar que, pelo facto de existir contrato de seguro obrigatório de responsabilidade civil do ramo automóvel, o condutor fica livre de qualquer responsabilidade pelas indemnizações. Pelo contrário, desde que se prove que o condutor que seguia com taxa de alcoolemia superior a 0,5gr/ /litro deu causa ao acidente pode ser obrigado a reembolsar a seguradora pelas quantias que esta tiver pago a terceiros por causa do acidente de viação.

Trata-se de uma consequência que ainda não estará suficientemente interiorizada, mas que decorre do facto de a lei prever expressamente a existência de *direito de regresso* contra o condutor quando este, conduzindo com uma taxa de alcoolemia superior à legalmente admitida, dê causa ao acidente (art. 27.º LSO).

Tal como se referiu quanto às situações de condução sem carta, (*ver questão n.º 18*) também em relação a acidentes causados sob efeito do álcool, desde que o veículo esteja coberto seguro válido e eficaz, o lesado deve exigir o pagamento da indemnização à se-guradora do veículo. A seguradora, por seu lado, não poderá livrar-se da responsabilidade pelo facto de o condutor segurado seguir com excesso de álcool. No entanto, relativamente às quantias que venha a pagar, a seguradora poderá exigir do condutor o seu reembolso. (*Ver questão n.º 46*)

Importa notar que a lei actual é mais rigorosa do que a anterior. A partir de Outubro de 2007, para que a seguradora possa exigir o reembolso já não tem que provar que o acidente foi provocado por efeito do álccol, bastando provar que o acidente é da responsabilidade do condutor.

Deveres Essenciais relativos à Condução de Veículos

Importa ainda ter em consideração o seguinte aspecto: este regime apenas é aplicável ao seguro obrigatório de responsabilidade civil; já no que respeita ao seguro facultativo (por. ex., ao *seguro de danos próprios*, vulgarmente conhecido por seguro contra todos os riscos) ou em relação às coberturas facultativas (por ex., à cláusula relativa ao limite da responsabilidade acima do capital do seguro obrigatório) são válidas as cláusulas de exclusão da responsabilidade da seguradora quando o condutor apresentar excesso de álcool.

26. Haverá outros deveres dos condutores, passageiros ou peões?

a) É proibido ao condutor, durante a marcha do veículo, usar equipamentos ou aparelhos susceptíveis de prejudicar a condução, nomeadamente telemóveis e auscultadores sonoros, a não ser que possuam auricular ou microfone com sistema de alta voz que não implique o seu manuseamento (art. 84.º CE);

b) É obrigatório o uso de cintos de segurança para os condutores e passageiros transportados em automóveis (art. 82.º CE);

c) Em regra, é obrigatório o uso de capacete para os condutores e passageiros de ciclomotores, motociclos, triciclos, quadriciclos, velocípedes com motor e trotinetas com motor (art. 82.º CE);

d) Os peões devem transitar pelos passeios, pistas ou passagens a eles destinadas ou, na sua falta, pelas bermas; poderão, contudo, transitar pela faixa de rodagem, com prudência e sem embaraçar o trânsito, quando efectuem o seu atravessamento, nos locais em que tal seja permitido (art. 99.º CE);

e) Os peões só podem atravessar a faixa de rodagem nas passagens especialmente sinalizadas para o efeito ou quando essas passagens estejam a uma distância superior a 50 m para cada lado (art. 101.º);

f) No atravessamento das faixas de rodagem, os peões devem verificar se o podem fazer sem perigo de acidente, tendo em conta a distância que os separa dos veículos que nela transitam e a respectiva velocidade (art. 101.º CE).

III – Deveres gerais relativos ao veículo

27. Quais são os deveres gerais relativos ao veículo?

Sem prejuízo de exigências especificamente aplicáveis a determinados veículos, há que ter em consideração o seguinte:

a) Deve ser dada especial atenção às regras relacionadas com as características dos veículos e com os respectivos sistemas, componentes e acessórios que tenham sido aprovados para os mesmos, nomeadamente no que concerne às características dos pneumáticos e respectivo estado de conservação;

b) Devem ser cumpridas as regras relacionadas com a inspecção obrigatória de veículos (art. 116.º);

c) É proibido o transporte de pessoas em número superior ao da lotação dos veículos ou de modo a comprometer a segurança da condução (art. 54.º CE), tendo especial cuidado com as regras relacionadas com transporte de crianças (art. 55.º CE);

d) Em regra, é proibido o transporte de passageiros fora dos assentos (art. 54.º CE);

e) Quanto à disposição da carga, deve ter-se especialmente em atenção a necessidade de assegurar o equilíbrio do veículo e as condições de visibilidade do condutor (art. 56.º);

f) Em regra, todos os veículos devem possuir um sinal de pré-sinalização de perigo (o chamado triângulo de sinalização) e um colete reflector (art. 88.º CE);

Importa ter em atenção que, em determinadas situações, o incumprimento de deveres tem implicações ao nível da aceitação da responsabilidade por parte da seguradora.

Assim, a seguradora não será responsável pelos *danos materiais* causados aos passageiros transportados em desacordo com as regras relativas ao transporte de passageiros constantes do Código da Estrada (art. 14.º LSO).

Por outro lado, nos casos de acidentes provocados pela queda de carga deficientemente acondicionada ou que sejam devidos ao facto de não serem cumpridas as obrigações legais de carácter técnico relativamente ao estado e condições de

Deveres Essenciais relativos à Condução de Veículos

segurança dos veículos, a seguradora pode exigir do responsável civil (condutor, proprietário, etc.) o reembolso das quantias que pagar a terceiros.

O mesmo reembolso pode ser exigido dos responsáveis pela apresentação do veículo a inspecção periódica, desde que se prove que o acidente foi provocado ou agravado pelo mau funcionamento do veículo (art. 27.º LSO).

28. Quais os deveres relacionados com os dispositivos de iluminação e de sinalização luminosa?

a) Os veículos devem estar dotados de dispositivos de iluminação, de sinalização luminosa e de reflectores, nos termos regulamentares, sendo especialmente proibida a utilização de luzes ou reflectores vermelhos dirigidos para a frente ou de luzes ou reflectores brancos dirigidos para a retaguarda, salvo no que respeita à luz de marcha atrás e à luz da chapa de matrícula (art. 59.º CE);

b) Os dispositivos de iluminação são os seguintes: luzes de estrada que iluminem para a frente, numa distância não inferior a 100 m (*máximos*), luzes de cruzamento que iluminem para a frente, numa distância até 30 m (*médios*), luzes de nevoeiro da frente e luzes de marcha atrás (art. 60.º CE);

c) Os dispositivos de sinalização luminosa são os seguintes: luzes de presença à frente (*mínimos*) e na retaguarda, luzes de mudança de direcção, luzes avisadoras de perigo, luzes de travagem e luzes de nevoeiro da retaguarda (art. 60.º CE);

d) Os dispositivos de iluminação ou de presença devem ser utilizados desde o anoitecer até ao amanhecer e sempre que a exista *visibilidade insuficiente*, nomeadamente em casos de nevoeiro, chuva intensa, queda de neve, nuvens de fumo ou de pó (art. 61.º CE); considera-se que se verifica uma situação de visibilidade insuficiente sempre que o condutor não puder avistar a faixa de rodagem em toda a sua largura numa extensão de, pelo menos, 50 metros (art. 19.º CE);

e) É proibido o uso de luzes de nevoeiro sempre que as condições metereológicas ou ambientais o não justifiquem (art. 61.º CE).

SEGURO AUTOMÓVEL

29. Quais os conceitos elementares em relação ao contrato de seguro automóvel?

Seguradora: entidade legalmente autorizada a exercer a actividade seguradora;

Tomador do seguro: pessoa ou entidade que celebra o contrato de seguro com a seguradora, sendo responsável pelo pagamento do prémio;

Segurado: pessoa no interesse da qual o contrato é celebrado, sendo que, em regra, o segurado e o tomador são a mesma pessoa;

Beneficiário: pessoa singular ou colectiva a favor de quem revertem as garantias do contrato.

30. Qual a importância do seguro automóvel?

O contrato de seguro responsabilidade civil do ramo automóvel é obrigatório, transferindo para a seguradora a responsabilidade do segurado ou do condutor pelos prejuízos causados a terceiros, dentro dos limites do capital seguro. Ao mesmo tempo, protege os terceiros, dando-lhes mais garantias de recebimento das indemnizações que sejam devidas.

Também pode ser realizado seguro de natureza facultativa destinado a garantir o segurado contra os riscos de danos próprios, normalmente em casos de choque, colisão, capotamento, *furto* ou *roubo*, incêndio, raio ou explosão, fenómenos da natureza ou actos de vandalismo. Neste caso, o seguro valerá de acordo com as cláusulas e com os valores que forem acordados com a seguradora, e sem prejuízo das exclusões também estabelecidas no contrato.

Convém ter presente, no entanto, que a protecção concedida está dependente da existência de contrato de seguro válido e eficaz no momento em que ocorreu o sinistro.

Seguro Automóvel

O seguro só produz efeitos se tiver sido pago o *prémio* ou a fracção inicial.

Relativamente aos prémios ou às fracções de prémios vencidos posteriormente, a falta de pagamento na data de vencimento implica a extinção automática (resolução) do contrato de seguro (art. 61.º do Dec. Lei n.º 72/2008, de 16 de Abril, a vigorar a partir de 1 de Janeiro de 2009, em substituição do regime que consta do Dec. Lei n.º 142/2000, de 15 de Julho).

31. O contrato de seguro de responsabilidade civil automóvel é obrigatório?

Sim. Com excepção dos casos que a lei prevê (p. ex. para veículos do Estado), toda a pessoa que possa ser responsabilizada civilmente pelos danos corporais ou materiais causados a terceiros por um veículo terrestre a motor, cuja condução exija um título específico (carta de condução ou licença de condução), é obrigada a dispor de um seguro que cubra a sua responsabilidade (art. 4.º LSO).

Deste modo, existindo seguro válido e eficaz, se ocorrer algum acidente que determine para o proprietário ou condutor do veículo responsabilidade civil, é a seguradora que, em substituição do segurado, será chamada a reparar os danos causados a terceiros (p. ex. aos proprietários de outros veículos, passageiros, peões, etc.), até ao limite do capital seguro.

32. As empresas de seguros podem recusar-se a contratar o seguro obrigatório?

Sim. As seguradoras não são obrigadas a celebrar quaisquer contratos de seguro.

Mas, em relação ao seguro de responsabilidade civil automóvel, uma vez que é obrigatório, sempre que exista recusa de, pelo menos, três seguradoras (por ex., devido à taxa de sinistralidade daquele que se propõe celebrar o contrato de seguro), a lei prevê uma forma de ultrapassar o impasse: o

Seguro Automóvel

interessado, munido das declarações de recusa, deve dirigir-se ao Instituto de Seguros de Portugal. Esta entidade, depois de analisar a situação, fixará as condições especiais de aceitação do contrato de seguro, indicando ao interessado a seguradora com quem poderá celebrar o contrato, a qual é obrigada a aceitá-lo nas condições definidas (art. 18.º LSO).

33. É possível segurar todos os riscos?

Nenhum seguro cobre "todos os riscos". Em tal designação de uso comum abarcam-se as garantias concretamente acordadas entre o *tomador* do seguro (em regra, o segurado) e a seguradora, designadamente contra os riscos de choque, colisão ou capotamento, incêndio, raio ou explosão, *furto* ou *roubo* ou quebra isolada de vidros. Mas podem ser acordadas outras coberturas, tais como a assistência em viagem, protecção jurídica, pessoas transportadas, privação temporária do uso da viatura, cataclismos naturais, etc.

O valor do *prémio de seguro* é variável conforme as coberturas que forem acordadas, dependendo ainda do eventual acordo quanto ao estabelecimento de *franquias*, isto é, quanto à fixação da quantia até à qual a responsabilidade corre exclusivamente por conta do segurado.

Este seguro abrange os prejuízos relacionados com o veículo seguro ou com o segurado, ainda que o condutor seja o responsável pelo acidente, em conformidade com as coberturas contratadas. Por isso, para accionar o contrato de seguro, nem sequer é necessário que exista intervenção de outros veículos ou pessoas, bastando que se verifique uma das situações previstas no contrato.

36. Quem tem a obrigação de efectuar o seguro de responsabilidade civil automóvel?

Em regra, a obrigação de segurar recai sobre o proprietário do veículo. Mas quando o veículo é vendido com reserva de propriedade (o que ocorre geralmente em casos de venda a

Seguro Automóvel

prestações ou quando o comprador recorre ao financiamento bancário), a obrigação recai sobre o adquirente. Também quando o veículo é cedido em regime de locação financeira (contrato de *leasing*), é sobre o locatário que recai a obrigação de celebrar o contrato de seguro (art. 6.º LSO).

Importante é realçar que, independentemente da situação jurídica em que o veículo se encontre, toda a pessoa que possa ser civilmente responsável pela reparação de danos corporais ou de *danos materiais* causados pelo veículo deverá encontrar-se protegida por contrato de seguro que garanta a sua responsabilidade perante terceiros.

37. Qual a responsabilidade que é garantida pelo seguro obrigatório?

O contrato de seguro garante a responsabilidade civil de quem esteja obrigado à sua celebração, assim como a de todos os legítimos detentores e condutores do veículo.

Mas, tendo em vista acautelar os interesses de terceiros, a lei vai ainda mais longe: o seguro obrigatório de responsabilidade civil garante, em regra, as indemnizações devidas a terceiros mesmo em relação aos acidentes causados pelos autores de *furto* ou de *roubo* dos veículos (art. 15.º LSO).

38. Se outra pessoa conduzir o veículo pode beneficiar do seguro?

Sim. Como se disse no ponto anterior, o seguro garante a responsabilidade não apenas do segurado e de outras pessoas com a obrigação de indemnizar como ainda a dos legítimos detentores e condutores do veículo, isto é, daqueles que conduzem o veículo com autorização do seu legítimo titular.

Seguro Automóvel

39. Que danos ficam cobertos pelo seguro obrigatório de responsabilidade civil?

Em termos quantitativos, o seguro obrigatório de responsabilidade civil automóvel cobre, por cada acidente ocorrido em Portugal, *danos materiais* até ao valor de € 600.000,00 e danos corporais até ao valor de € 1.200.000,00 (valores que, a partir de 1 de Dezembro de 2009, passarão automaticamente para € 750.000,00 e € 2.500.000,00, respectivamente).

Em termos qualitativos, ficam cobertos todos os danos em relação aos quais o obrigado seja responsável perante terceiros, com excepção dos referidos no ponto seguinte (art. 12.º LSO).

Na generalidade dos casos, os pedidos de indemnização que são apresentados não excedem os quantitativos previstos para o seguro obrigatório. Mas se o interessado se quiser prevenir contra situações em que sejam reclamadas indemnizações por danos superiores, poderá acordar com a seguradora o aumento do capital seguro, a que naturalmente corresponderá um aumento do *prémio de seguro*.

40. Quais os danos que ficam excluídos do seguro obrigatório de responsabilidade civil?

a) Relativamente ao condutor do veículo responsável pelo acidente, ficam excluídos todos os danos corporais (incluindo o caso de morte) e todos os *danos materiais*, incluindo os que decorram dos danos corporais, p. ex. os relativos a salários ou rendimentos que deixou de receber. Tal significa que, ao abrigo do seguro obrigatório, o condutor não pode reclamar da seguradora qualquer indemnização (art. 14.º LSO);

b) Em relação a outras pessoas, a exclusão de responsabilidade da seguradora abarca os seguintes *danos materiais*:

– os que afectam o *tomador do seguro* (ou seja, aquele que celebrou o contrato de seguro);

– os sofridos pelas pessoas cuja responsabilidade civil o contrato de seguro visa garantir, designadamente o proprietário e legítimos detentores do veículo;

34

– os do cônjuge, ascendentes ou descendentes do condutor e outros legítimos detentores, assim como dos seus parentes ou afins até ao 3.º grau (p. ex. irmãos, cunhados, sobrinhos, sogros) que com eles coabitem ou vivam a seu cargo;

– os das sociedades ou representantes legais das pessoas colectivas responsáveis pelo acidente, quando este ocorra no exercício das suas funções;

– os daqueles que beneficiem de uma pretensão indemnizatória decorrente de vínculos relativamente a alguma das pessoas anteriormente referidas;

– e os causados aos passageiros transportados em contravenção às regras respeitantes ao transporte de passageiros (art. 14.º LSO);

c) Estão ainda excluídos, além de outros, os danos causados no próprio veículo, danos causados em bens nele transportados quer durante o transporte, quer nas operações de carga e descarga, ou ainda os danos causados a terceiros em consequência de operações de carga e descarga (art. 14.º LSO).

Deve notar-se que a exclusão referida na alínea b) apenas se reporta aos *danos materiais*; já em relação aos danos corporais causados a pessoas diversas do próprio condutor (incluindo a morte) mantém-se a responsabilidade da seguradora, com excepção dos autores ou cúmplices de crimes de *roubo* ou de *furto* e dos passageiros transportados no veículo que conheciam a sua detenção ilegítima (art. 15.º LSO).

41. O seguro de responsabilidade civil automóvel abrange os danos sofridos pelo próprio veículo?

Não. Para que os *danos materiais* sofridos pelo próprio veículo possam estar garantidos, nomeadamente em consequência de choque, colisão e capotamento, incêndio, raio ou explosão, furto ou roubo, deverão ser contratadas com a seguradora as respectivas coberturas (seguro facultativo).

Seguro Automóvel

O valor do *prémio de seguro* dependerá, além do mais, das coberturas que forem previstas e das *franquias* que eventualmente sejam acordadas.

42. O seguro obrigatório de responsabilidade civil só abarca os sinistros ocorridos em Portugal?

Não. O seguro obrigatório de responsabilidade civil é automaticamente válido para todos os países da União Europeia em que o veículo circule e ainda para os países que aderiram à Carta Verde. Assim, em caso de viagem para o estrangeiro, é conveniente verificar quais os países abarcados pelo contrato de seguro obrigatório, os quais se encontram assinalados no certificado internacional de seguro, vulgarmente conhecido por "*Carta Verde*" (art. 10.º LSO).

Relativamente a outros países por onde o veículo se desloque, o interessado deve contactar a seguradora, solicitando a extensão do contrato de seguro pelo período previsto. Pode também optar por efectuar um seguro de fronteira à entrada do país que, pelo menos, lhe garanta a responsabilidade civil perante terceiros.

No que diz respeito aos danos próprios, o âmbito territorial do contrato de seguro pode ser mais limitado, de modo que, em caso de viagem para o estrangeiro, é conveniente verificar qual a cobertura e, se necessário, acordar com a seguradora a extensão territorial e temporal do contrato de seguro.

43. O seguro transmite-se com a venda do veículo?

Não. O contrato de seguro obrigatório de responsabilidade civil nunca se transfere em caso de transmissão do veículo (p. ex. venda), caducando necessariamente às 24 horas do dia em que a mesma ocorra.

Pode, no entanto, ser utilizado pelo mesmo tomador do seguro (normalmente o segurado) para abarcar outro veículo em substituição daquele (art. 21.º).

Seguro Automóvel

44. Qual o procedimento em caso de alienação do veículo?

Efectuada a alienação do veículo (p. ex. venda), o adquirente deve celebrar obrigatoriamente um novo contrato de seguro com a mesma ou com qualquer outra seguradora. Por seu lado, o titular da apólice deve, no prazo de 24 horas, comunicar o facto, por escrito, à sua seguradora (art. 21.º LSO).

45. Se a seguradora não assumir a responsabilidade pelo pagamento dos danos causados a terceiros, o condutor poderá ser chamado a Tribunal?

Importa distinguir. Quando o valor da indemnização pedida não ultrapasse o capital do seguro obrigatório, a acção de responsabilidade civil por acidentes de viação é exclusivamente interposta contra a seguradora (art. 64.º LSO). Mesmo nos casos em que o pedido de indemnização é apresentado no âmbito de um processo de natureza criminal (p. ex. homicídio involuntário ou ofensas corporais de que seja acusado o condutor), é formulado apenas contra a seguradora, não podendo ser apresentado contra o condutor ou contra o proprietário do veículo.

Porém, a seguradora pode chamar ao processo o *tomador do seguro* (geralmente o segurado), sempre que o entender, designadamente quando tenha interesse em que se esclareçam melhor as circunstâncias em que ocorreu o acidente. Pode ainda requerer a intervenção de outras pessoas, entre as quais o condutor, designadamente nos casos de condução ilegal por falta de habilitação, de condução sob influência do álcool (*ver questão n.º 25*) ou de drogas ou de abandono de sinistrado, a fim de posteriormente exigir o reembolso das quantias em que venha a ser condenada (*direito de regresso*).

Seguro Automóvel

46. Qual o objectivo da intervenção de outras pessoas nos processos requerida pela seguradora?

A lei reconhece à seguradora, em determinadas circunstâncias, o direito de exigir o reembolso das quantias que tiver suportado em consequência de acidente. É o que se chama *direito de regresso* e que existe, designadamente, nos seguintes casos:

a) Contra o causador do acidente que o tiver provocado com *dolo*;

b) Contra os autores ou cúmplices de *roubo* ou *furto* do veículo que causou o acidente e contra o condutor que devesse conhecer a existência desses crimes;

c) Contra o condutor que tenha dado causa ao acidente, acusando o consumo de estupefacientes ou de outras drogas ou produtos tóxicos ou taxa de alcoolemia superior à legalmente admitida; (*ver questão n.º 25*)

d) Contra o condutor não legalmente habilitado a conduzir; (*ver questão n.º 18*)

e) Contra o condutor que tenha abandonado o sinistrado;

f) Contra o responsável por danos causados a terceiros pelo facto de a carga do veículo se encontrar deficientemente acondicionada;

g) Contra o responsável civil pelos danos causados a terceiros, quando o acidente tenha sido provocado ou agravado pelo facto de o veículo não cumprir as obrigações de carácter técnico relacionadas com o seu estado e segurança;

h) Contra o responsável pela apresentação do veículo a inspecção periódica obrigatória, quando o acidente tenha sido provocado ou agravado pelo mau funcionamento do veículo (art. 27.º LSO).

A intervenção de algum dos referidos sujeitos destina-se a permitir que a seguradora exija posteriormente dos responsáveis o reembolso das quantias em que seja condenada.

47. O que pode acontecer se o veículo não estiver abarcado por um seguro de responsabilidade civil válido?

A falta de contrato de seguro determina a apreensão do veículo e obriga ao pagamento de uma *coima*.

Apesar disso, os lesados por acidentes de viação não ficam desprotegidos. Pelo contrário, quando seja desconhecida a identidade do responsável ou quando o acidente seja da responsabilidade do condutor ou do detentor do veículo sem seguro obrigatório de responsabilidade civil, os lesados podem exigir a reparação dos danos ao Fundo de Garantia Automóvel, sem prejuízo de este reclamar posteriormente do proprietário, do detentor ou do condutor do veículo o reembolso daquilo pagar (arts. 47.º e segs. LSO).

A fim de facilitar o exercício de direitos perante o FGA, nos casos em que o veículo responsável pelo acidente não esteja coberto por seguro obrigatório de responsabilidade civil automóvel, é conveniente que seja pedida a intervenção das autoridades policiais que, além do mais, poderão verificar e anotar no auto de notícia aquele facto. (*ver questão n.º 67*)

48. O que é o Fundo de Garantia Automóvel?

O Fundo de Garantia Automóvel é uma entidade gerida pelo Instituto de Seguros de Portugal e que tem como função garantir a reparação de danos decorrentes de acidentes rodoviários causados por responsáveis desconhecidos ou que não tenham cumprido a obrigação de seguro de responsabilidade civil automóvel, ou ainda em casos de acidentes causados por veículos isentos da obrigação de seguro (não se incluem nesta situação os veículos do Estado).

Em grande parte, as receitas do FGA correspondem a uma percentagem sobre o montante dos prémios de seguro dos contratos de seguro do ramo automóvel.

O FGA foi instituído para que os lesados por acidentes de viação não ficassem desprotegidos, reconhecendo-lhes a lei o direito de exigir o reembolso das despesas efectuadas dos

Seguro Automóvel

responsáveis ou das pessoas que estavam obrigadas à celebração do contrato de seguro (art. 47.º LSO).

49. Qual o âmbito da responsabilidade do Fundo de Garantia Automóvel?

A responsabilidade está limitada pelo valor do capital de seguro obrigatório (*ver questão n.º 39*).

Dentro deste limite, e sem prejuízo das exclusões que a lei prevê, o FGA garante as seguintes indemnizações (art. 49.º LSO):

a) Por danos corporais (incluindo morte), quando o responsável seja desconhecido ou não beneficie de seguro válido ou eficaz;

b) Por *danos materiais*, quando o responsável, sendo conhecido, não beneficie de seguro válido e eficaz;

c) Por danos materiais, quando, sendo desconhecido o responsável, tenham existido danos corporais significativos. A lei considera como tais os casos em que tenha existido morte ou internamento hospitalar superior a 7 dias, incapacidade temporária absoluta por período igual ou superior a 60 dias ou incapacidade parcial permanente igual ou superior a 15%;

d) Por danos materiais, quando se verifique que o veículo foi abandonado no local do acidente e não beneficia de seguro válido e eficaz. Neste caso, a autoridade policial deve confirmar no auto de notícia a presença do veículo no local do acidente (*ver questão n.º 68*).

50. Existem exclusões da responsabilidade do FGA?

Sim. Em primeiro lugar, o FGA beneficia das mesmas exclusões que são aplicáveis às seguradoras. (*ver questão n.º 40*)

Em relação ao FGA acrescem ainda as seguintes exclusões:

a) *Danos materiais* causados à pessoa que não cumpriu a obrigação de celebrar o contrato de seguro automóvel (em regra, o proprietário do veículo);

b) Danos corporais e danos materiais provocados nos passageiros que voluntariamente se encontravam no veículo que causou o acidente e que tinham conhecimento da falta de seguro;

Seguro Automóvel

c) Danos corporais e danos materiais sofridos pelos passageiros voluntariamente transportados no veículo causador do acidente e que tinham conhecimento que o referido veículo tinha sido objecto de *furto* ou de *roubo* (art. 52.º LSO).

51. Existem outras condicionantes?

Sim. Nos termos do art. 51.º da LSO, há que ponderar os casos em que o acidente de viação é também acidente de trabalho, os casos em que o lesado dispõe de contrato de seguro que abarque os danos no próprio veículo e aqueles em que o lesado tenha direito a prestações ao abrigo do sistema de protecção da Segurança Social.

52. A responsabilidade do FGA é definitiva?

Não. Relativamente a todas as indemnizações que venha a pagar em consequência de acidentes de viação, o FGA pode exigir o seu reembolso indistintamente do detentor, do proprietário ou do condutor do veículo causador do acidente, excepto no caso de insolvência (vulgarmente conhecida por falência) da seguradora, em que o reembolso apenas pode ser pedido a essa empresa (art. 54.º LSO).

53. O pagamento das indemnizações só pode ser feito no âmbito de processo judicial?

Não. O FGA pode assumir a responsabilidade pelo pagamento das indemnizações sem necessidade de haver uma sentença de condenação.

Se não assumir essa responsabilidade, o lesado pode tomar a iniciativa de instaurar um processo judicial para obter a condenação do FGA, caso em que a acção é interposta simultaneamente contra o FGA e contra o responsável civil, se este for conhecido (art. 62.º LSO). (*ver questão n.º 146*)

OCORRÊNCIA DE ACIDENTE DE VIAÇÃO

Introdução

Quando ocorre um acidente de viação, o elemento mais relevante respeita à determinação do responsável ou, em linguagem mais corrente, do culpado ou dos culpados.

A culpa constitui um elemento muito importante para o apuramento da responsabilidade criminal (homicídio involuntário, ofensas corporais involuntárias, condução perigosa, etc.), da responsabilidade por *contra-ordenações* (simples, graves ou muito graves) e, mais ainda, para efeitos de responsabilidade civil, ou seja, de apuramento dos requisitos de que depende a obrigação de reparar os danos causados a terceiros.

Mas existem outros aspectos relevantes. Desde logo, o apuramento das consequências, pois que a resposta pode ser diversa se os danos apenas afectaram o próprio veículo ou se afectaram outro veículo ou outras pessoas. Depois, a eventual responsabilidade só abrange os danos que possam ser relacionados com o acidente (em termos que juridicamente se integram na *causalidade adequada*).

I – Aspectos gerais

54. O que se entende por acidente de viação?

É o acontecimento de natureza fortuita, súbita e imprevisível, exterior à vontade da vítima ou ao funcionamento do veículo.

Em matéria de acidentes de viação, pode dar-se o caso de o interessado ter o direito de exigir da sua seguradora uma indemnização coberta pelo seguro de danos próprios ou pelo seguro de danos pessoais (ambos de natureza facultativa). Em tais casos, ainda que tenha havido intervenção de outros veículos ou pessoas, o segurado exerce direitos que resultam de uma relação directa com a sua seguradora por virtude do contrato de seguro.

Ocorrência de Acidente de Viação

55. Quais são os requisitos legais da responsabilidade civil perante terceiros?

Não basta que um determinado acidente provoque danos para que possa ser reclamado o pagamento de uma indemnização ou a reparação.

A matéria é mais complexa, exigindo a verificação cumulativa dos seguintes requisitos:

a) Facto ilícito (o acidente);

b) Culpa ou, na falta de culpa, a existência de *responsabilidade objectiva* ou *responsabilidade pelo risco*;

c) Danos causados a terceiros (danos corporais ou *danos materiais*);

d) Ligação directa entre o acidente e os danos.

A variedade das situações relacionadas com acidentes de viação é tanta que a resposta às diversas questões que se colocam está dependente de uma série de factores, tornando-se impossível fornecer uma resposta directa e imediata a todas as questões que se podem levantar.

É por isso aconselhável obter apoio técnico adequado, designadamente através de advogado, para que, em face de informação completa sobre o modo como ocorreu o acidente, possam ser definidas as estratégias adequadas em face dos direitos ou das obrigações que resultaram do acidente.

56. A responsabilidade depende sempre da existência de culpa do condutor?

A responsabilidade de natureza criminal relativa a acidentes de viação (p. ex. em casos de morte ou de ofensas corporais) depende sempre da existência de culpa do condutor, sob a forma intencional (*dolo*) ou *negligência* (imprevidência, inconsideração, falta de atenção, descuido, etc.).

A responsabilidade civil pelos danos corporais ou materiais causados a terceiros também depende, em regra, da existência de um comportamento mais ou menos grave do condutor que tenha dado origem ao acidente.

Ocorrência de Acidente de Viação

No entanto, a exigência de culpa em todas as situações poderia pôr em causa a defesa dos interesses das pessoas prejudicadas. Por isso, para além dos casos de *culpa presumida* (em que a lei pressupõe que a culpa é do condutor), a lei previu casos de atribuição de responsabilidade pelo risco que deriva apenas da detenção ou da circulação de veículos.

Assim, aquele que tiver a *direcção efectiva do veículo* (ou seja, em regra, o proprietário e, em sua substituição, a respectiva seguradora) responde pelos danos causados pelo veículo, mesmo que este se não encontre em circulação, a não ser que o acidente seja da responsabilidade de outro condutor, do próprio lesado ou de uma terceira pessoa ou seja devido a um caso de *força maior* estranho ao funcionamento do veículo (art. 505.º CC).

57. Quando se pode afirmar que existe culpa do condutor?

A apreciação da culpa do condutor ou dos condutores depende da análise das circunstâncias que envolveram o acidente.

Como critério geral, considera-se que a culpa deve ser averiguada em função da diligência de um condutor médio perante as circunstâncias do caso (art. 487.º CC). Deve, assim, ser analisado se houve ou não houve violação de regras que regulam a condução de veículos, a gravidade dessa violação e a sua relação com a verificação do acidente.

É o que pode acontecer, designadamente, nas seguintes situações: atropelamento de peão na passadeira ou desrespeito pelo sinal ou regra que impunham a cedência de passagem, desrespeito de sinalização luminosa ou de sinal de STOP, desrespeito da cedência de passagem (perda de prioridade), excesso manifesto de velocidade, circulação fora da faixa de rodagem, condução com excesso de álcool ou drogas, efectivação de manobras perigosas, etc.

Ocorrência de Acidente de Viação

58. Basta que o condutor cometa uma infracção para ser considerado culpado pela ocorrência do acidente?

Não. As regras que devem ser respeitadas no exercício da condução são tantas e tão diversas que não basta qualquer infracção para se atribuir ao condutor a responsabilidade total ou parcial pelo acidente em que intervenha o seu veículo. É sempre necessário estabelecer o confronto entre a natureza das infracções cometidas e o acidente, devendo analisar-se todas as circunstâncias que o rodearam.

Como é natural, apenas é relevante para a apreciação da culpa na ocorrência do acidente a infracção de regras de condução cujo objectivo tenha sido o de evitar acidentes como aquele que se verificou. A simples violação de uma qualquer regra não determina necessariamente a afirmação da existência de culpa, sendo necessário que se comprove que tal violação teve uma influência determinante na ocorrência do acidente.

Assim, por exemplo, se o condutor do veículo atravessa uma povoação em *velocidade excessiva*, tal facto é naturalmente relevante para apurar a sua responsabilidade pelo acidente que tenha consistido no atropelamento de um peão que efectuava regularmente a travessia da rua. Mas já relativamente a um outro acidente que ocorreu durante o dia, com boa visibilidade, o facto de as luzes de estrada (*máximos*) do veículo se encontrarem avariadas será, em princípio, irrelevante para o apuramento da responsabilidade.

É por isso necessário avaliar sempre se existiu uma relação directa entre a infracção praticada e o acidente que se verificou.

59. E se não se conseguir apurar qual foi a causa concreta do acidente?

É corrente o entendimento segundo o qual a ocorrência de uma determinada infracção que, em termos objectivos, tenha uma relação directa com o acidente determina, para o

Ocorrência de Acidente de Viação

respectivo condutor, a atribuição de culpa, a não ser que se prove que o acidente foi devido a outro motivo.

Se, por exemplo, o embate ocorreu na faixa contrária (num local em que existia uma linha contínua de separação de vias), se a colisão ocorreu de noite, seguindo o veículo sem as luzes de iluminação que eram necessárias, ou se o condutor seguia com uma taxa de alcoolemia superior à legalmente admitida, é natural que se encontre em cada uma destas infracções uma explicação para o acidente que se tenha verificado, atribuindo a responsabilidade ao condutor que violou as regras da estrada. Para o efeito, os tribunais costumam tomar em consideração as regras da experiência, retirando conclusões (*presunções*) a partir de certos factos, quando não exista uma outra justificação para a ocorrência do concreto acidente.

Mas pode dar-se o caso de não se apurar a existência de *culpa efectiva* de qualquer dos condutores, nem ser possível afirmar sequer a existência de responsabilidade a título de *culpa presumida*. Assim acontece, por exemplo, quando se prova apenas que um veículo embateu num determinado objecto, danificando-o, ou quando se prova apenas que ocorreu um embate entre dois veículos de que resultaram danos para ambos ou para um deles.

Nestes casos, quando nenhuma outra regra se aplique no caso concreto, haverá *responsabilidade objectiva* inerente ao veículo ou veículos intervenientes, a qual recairá sobre quem detiver a sua *direcção efectiva do veículo* (normalmente o proprietário), sendo garantida pela(s) respectiva(s) seguradora(s).

60. Para exigir indemnização é sempre necessária a culpa efectiva do outro condutor?

Em princípio, o lesado por qualquer acidente apenas tem direito de indemnização pelos danos que sofreu se se provar a culpa do responsável.

Ocorrência de Acidente de Viação

Mas a lei estabelece algumas excepções em matéria de acidentes de viação.

Vejamos as principais:

a) Se o condutor do veículo o conduzir por conta e no interesse de outra pessoa (do proprietário, do locatário, etc.), como acontece com o motorista profissional de uma empresa, a lei parte do princípio (por intermédio de *presunção*) que é ele o culpado. Significa isto que, em tais circunstâncias, é sobre tal condutor (ou sobre a seguradora do respectivo veículo) que recai o encargo de provar que não teve qualquer culpa na ocorrência do acidente, sob pena de ser considerado o responsável (art. 503.º CC);

b) Aquele que tiver a direcção efectiva do veículo (em regra, o proprietário ou o locatário) e o utilizar no seu próprio interesse é responsável (ainda que através da sua seguradora) pelos prejuízos que forem causados com o veículo, mesmo que não se prove a existência de culpa (art. 503.º CC), a qual apenas é excluída se se provar que o acidente foi devido ao próprio lesado ou a terceiro ou a caso de *força maior* que não diga respeito ao funcionamento do veículo (art. 505.º CC). A isto se chama *responsabilidade objectiva* ou *responsabilidade pelo risco*;

c) Em casos de embate entre dois veículos (choque frontal, choque lateral ou abalroamento), quando não se prove a culpa de qualquer dos condutores, a lei estabelece a repartição de responsabilidades de acordo com o risco derivado de cada veículo interveniente no acidente, em função na natureza e das características dos veículos (veículo pesado-veículo ligeiro, dois veículos ligeiros, veículo ligeiro-motociclo, etc) (art. 506.º CC);

d) Em caso de dúvida objectiva sobre a medida de contribuição de cada um dos veículos intervenientes ou sobre a medida da culpa de cada um dos respectivos condutores, ambos são responsáveis por igual. Mas se os danos forem causados apenas por um dos veículos, sem culpa de qualquer dos condutores, só a pessoa responsável pelos danos (ou a sua seguradora) é obrigada a indemnizar (art. 506.º CC);

e) Quando o próprio lesado tiver contribuído para a ocorrência ou para o agravamento dos danos, terá de se avaliar,

Ocorrência de Acidente de Viação

de acordo com as concretas circunstâncias, se a indemnização deve ser totalmente concedida ou se deve ser reduzida ou até excluída (art. 570.º CC). É o que pode acontecer, por exemplo, nos casos em que o motociclista seguia sem capacete e as lesões consistiram em traumatismo craniano, quando o condutor ou passageiro seguia sem cinto de segurança e foi projectado para o exterior do veículo ou quando o peão circulava por entre veículos numa via com muito trânsito, apesar de dispor de local de passagem.

61. Existe algum limite para a indemnização fundada em responsabilidade objectiva ou pelo risco?

O limite actual da *responsabilidade objectiva* ou pelo risco é equivalente ao previsto para o capital mínimo do seguro obrigatório de responsabilidade civil automóvel. (*ver questão n.º 39*)

Considerando os elevados valores que já vigoram para o seguro obrigatório, praticamente deixou de existir diferença entre acidentes de viação em que exista culpa de algum dos condutores e os casos em que exista apenas responsabilidade pelo risco decorrente da utilização do veículo.

II – Algumas situações mais frequentes

62. Qual a responsabilidade em casos de colisão de veículos?

A colisão de dois veículos, quer por choque frontal, quer por abalroamento, constitui uma das situações mais frequentes. A solução de cada caso depende de múltiplos factores, não sendo possível dar uma resposta que possa ser generalizadamente aplicável.

Ainda assim, as grandes linhas de decisão, quer das entidades responsáveis pela reparação dos danos, quer dos tribunais são as seguintes:

a) *Culpa efectiva* ou *culpa presumida* do condutor A, sem qualquer culpa do condutor B: responsabilidade integral do condutor A;

b) Culpa efectiva ou culpa presumida dos condutores *A* e *B*: distribuição da responsabilidade em função do grau de culpa de cada um, considerando-se igual em caso de dúvida;

c) Ausência de culpa efectiva ou de culpa presumida de qualquer dos condutores *A* ou *B*, sendo os danos causados por ambos os veículos: distribuição da responsabilidade em função do risco de cada um dos veículos para a ocorrência do acidente, sendo que, em caso de dúvida sobre a medida de contribuição, se considera igual a responsabilidade;

d) Ausência de culpa efectiva de qualquer dos condutores *A* e *B*, sendo os danos provocados apenas pelo veículo *B*: responsabilidade exclusiva do condutor *B*.

63. E em caso de atropelamento de um peão?

O atropelamento de peões constitui, infelizmente, outra das situações mais frequentes, com graves consequências, importando igualmente distinguir diversas circunstâncias, algumas das quais se exemplificam:

a) *Culpa efectiva* ou *culpa presumida* do condutor do veículo, sem qualquer culpa do peão: responsabilidade integral do condutor (art. 483.º CC);

b) Ausência de culpa do condutor e culpa do peão: em princípio, isenção de responsabilidade do condutor (art. 570.º CC);

c) Culpa efectiva do condutor e culpa do peão: de acordo com as circunstâncias, a responsabilidade do condutor pode ser considerada na sua totalidade, ser reduzida ou ser mesmo excluída (art. 570.º CC);

d) Ausência de culpa efectiva ou de culpa presumida do condutor e ausência de culpa do lesado: *responsabilidade objectiva* ou *responsabilidade pelo risco* atribuída a quem tiver a direcção efectiva do veículo (transferida, pelo contrato de seguro, para a seguradora do veículo). No entanto, esta responsabilidade será excluída se o acidente for imputável a terceira pessoa (sendo, por isso, esta a responsável) ou se for devido a caso de *força maior* estranho ao funcionamento do veículo (caso em que ninguém responderá pelos danos) (art. 505.º CC).

Ocorrência de Acidente de Viação

64. Se o acidente foi devido ao rebentamento de um pneu ou a uma falha do sistema de direcção do veículo existe responsabilidade?

Tratando-se de facto ligado ao funcionamento do veículo, existe, pelo menos, responsabilidade pelo risco.

Mas não está afastada a responsabilidade culposa do condutor ou do proprietário do veículo se, por exemplo, se provar que as deficiências já eram conhecidas ou eram detectáveis, ou se não tiverem sido observadas as regras relacionadas com a inspecção obrigatória do veículo onde as deficiências poderiam ter sido detectadas.

65. Qual a solução se o acidente ocorrer em auto-estrada, consistindo no embate com um animal ou objecto na faixa de rodagem?

A lei não era clara sobre as condições em que as concessionárias de auto-estradas poderiam ser responsabilizadas, o que motivou opiniões e decisões judiciais contraditórias, umas a considerar que era o lesado quem teria de provar o incumprimento dos deveres de diligência por parte da concessionária da auto-estrada, outras a concluir que era a concessionária que deveria provar ter exercido a vigilância que as circunstâncias impunham.

A questão foi recentemente resolvida no sentido mais favorável aos utentes das auto-estradas.

Numa lei em que fundamentalmente incidiu sobre a realização de obras em troços de auto-estradas (Lei n.º 24/07, de 18 de Julho), ficou estabelecido que *"nas auto-estradas, com ou sem obras em curso, e em caso de acidente rodoviário, com consequências danosas para pessoas ou bens, o ónus da prova do cumprimento das obrigações de segurança cabe à concessionária, desde que a respectiva causa diga respeito a:*

a) Objectos arremessados para a via ou existentes na faixa de rodagem;

b) Atravessamento de animais;

c) Líquidos na via, quando não resultantes de condições climatéricas anormais".

Foram excluídas dessa solução os *"casos de força maior, que directamente afectem as actividades da concessão e não imputáveis ao concessionário".*

Anota-se ainda que, para assegurar o cumprimento daquele regime de prova, a confirmação das causas do acidente deve ser obrigatoriamente verificada pelas autoridades policiais que, para o efeito, deverão ser chamadas ao local do acidente.

Sem prejuízo do que se disse, há que ter em atenção que o condutor deve sempre ajustar a condução e, designadamente, a velocidade do veículo às circunstâncias previsíveis, designadamente em termos de velocidade ou de cumprimento dos deveres gerais de prevenção de acidentes.

66. E se o acidente ocorrer pelo facto de existir um lençol de água ou óleo derramado que tenha dado causa ao despiste do veículo?

A resposta já decorre do ponto anterior, devendo ponderar-se as situações que porventura sejam devidas a condições climatéricas anormais ou a caso de *força maior*.

Note-se ainda que o condutor está obrigado a imprimir ao veículo a velocidade concretamente ajustada a evitar situações do género que sejam verificáveis no espaço livre e visível à sua frente.

III – Actuações imediatas em caso de ocorrência de acidentes de viação

67. O que fazer em caso de acidente?

a) Actuações de natureza preventiva:
– colocar o colete reflector (art. 88.º CE);

Ocorrência de Acidente de Viação

- colocar o triângulo de sinalização a uma distância não inferior a 30 m da retaguarda do veículo, de modo a ficar bem visível a uma distância mínima de 100 m;
- accionar as luzes de emergência ou, em caso de avaria, as luzes que assinalem a presença do veículo (art. 88.º CE);
- proceder ao estacionamento regular do veículo ou, se isso não for possível, retirá-lo da faixa de rodagem ou aproximá-lo do limite direito e diligenciar pela sua remoção da via pública (art. 87.º CE);
- todas as pessoas que não estiverem envolvidas nas operações de remoção ou de reparação do veículo devem retirar-se da faixa de rodagem (art. 87.º CE);
- se do acidente tiverem resultado mortos ou feridos, deve solicitar-se a presença dos meios de socorro e da autoridade policial (art. 89.º CE).

b) Actuações ligadas ao apuramento de responsabilidades:
- registar a matrícula do outro veículo interveniente;
- solicitar elementos de identificação do condutor, do proprietário e da seguradora do outro veículo, sendo que todo o condutor interveniente em acidente de viação está obrigado a fornecer aos restantes intervenientes a sua identificação, a do proprietário do veículo e da seguradora e o número de apólice, exibindo os documentos comprovativos (art. 89.º CE);
- se possível, identificar testemunhas presenciais;
- se possível, registar em fotografia a posição dos veículos, os rastos de travagem, os vestígios deixados no pavimento, etc.;
- chamar ao local a autoridade policial designadamente quando haja mortes ou danos corporais, quando se desconheça a identidade do outro condutor, quando o outro veículo tiver abandonado o local, quando se verifique que o outro veículo não dispõe de seguro obrigatório ou quando o acidente consista em embate em objecto ou animal cruzando auto-estrada ou seja devido a líquidos existentes na faixa de rodagem (*ver questão n.º 65*);
- estabelecer o acordo com o outro condutor para o preenchimento da Declaração Amigável de Acidente Automóvel.

(ver questão n.º 70) Note-se que, se for preenchida esta declaração, a resolução da situação pode ser acelerada através do sistema de Indemnização Directa ao Segurado, mediante participação do acidente à própria seguradora do veículo sinistrado, nos casos e nas condições previstas para o funcionamento desse sistema; *(ver questão n.º 97)*

c) Independentemente de se assumir ou não como responsável pelo acidente, o *tomador do seguro* (em regra, o *segurado*) deve comunicar o acidente à sua seguradora no prazo máximo de 8 dias, fornecendo todas as indicações e elementos relevantes, tais como os documentos e indicação de testemunhas para permitir a correcta determinação das responsabilidades (art. 34.º LSO). Para o efeito, pode revelar-se importante aceder à informação disponibilizada pela seguradora sobre os procedimentos a adoptar em caso de acidentes, normalmente disponibilizada na *Internet*;

d) Dentro do possível, o *segurado* deve evitar ou limitar as consequências do sinistro (p. ex. evitando que o veículo fique abandonado no local, sujeito a actos de vandalismo);

e) O *segurado* deve dar a conhecer à sua seguradora a existência de algum procedimento judicial com fundamento no acidente;

f) Se o interessado se achar com direito a alguma indemnização, deve efectuar as diligências necessárias à sua obtenção, tendo presente que existem prazos legais para o exercício dos direitos, sob pena de prescrição (em regra, 3 anos);

g) O mesmo se diga da eventual responsabilidade pela prática de crimes cujo apuramento, em determinados casos (p. ex. ofensas corporais), depende de participação criminal feita às autoridades (Polícia ou Ministério Público), a efectuar em curto prazo (em regra, 6 meses).

68. E se, em caso de sinistro, um dos condutores não tiver seguro?

Se algum dos condutores não exibir documentos comprovativos do contrato de seguro, para além de se solicitar a

Ocorrência de Acidente de Viação

intervenção das autoridades policiais, devem recolher-se os elementos de identificação do condutor, do proprietário do veículo e do próprio veículo e obter, depois, a partir da matrícula, através do Instituto de Seguros de Portugal, a identificação da empresa de seguros, designadamente com recurso aos meios fornecidos pela *Internet*. (*ver questão n.º 47*)

Aconselha-se que seja solicitada a presença das autoridades policiais.

69. Qual a importância das testemunhas?

Em qualquer acidente, a apresentação de testemunhas pode ser fundamental para que os interessados consigam fazer valer os seus direitos.

Assim acontece, desde logo, perante a seguradora a quem o acidente seja participado. Competindo-lhe apurar as circunstâncias em que ocorreu o acidente, podem revelar-se fundamentais os depoimentos prestados por terceiros, designadamente quando não tenham qualquer relação com os intervenientes no acidente.

Mais importantes se podem revelar as testemunhas em casos de persistência do litígio sobre o acidente e sobre os danos, pois quem tiver de decidir (o tribunal judicial, o tribunal arbitral ou o julgado de paz) apenas o pode fazer de acordo com as provas que lhe sejam apresentadas, entre as quais podem assumir especial relevo as testemunhas presenciais do acidente.

É verdade que a intervenção como testemunha pode ser causa de alguns transtornos e perda de tempo. Mas não devemos esquecer que testemunhar no âmbito de processos judiciais, para além de constituir um dever legal, é também um dever cívico imposto pelas regras de convivência social que implicam uma mútua cooperação em situações de necessidade. Além disso, qualquer pessoa (e obviamente qualquer um de nós) pode surgir, a todo o momento, na posição de interessado na resolução de questões emergentes de acidentes de viação, quer como responsável, quer como lesado ou familiar

Ocorrência de Acidente de Viação

de lesados, podendo necessitar igualmente, em tais ocasiões, da colaboração de outras pessoas para conseguir provar aspectos fundamentais à defesa ou tutela dos direitos, entre os quais se incluem os diversos aspectos ligados à responsabilidade civil em geral e ao direito de indemnização.

70. Para que serve a declaração amigável de acidente automóvel?

Constitui um documento que permite fixar, de acordo com ambos os condutores, as circunstâncias em que ocorreu o acidente.

É necessária para o funcionamento do sistema de Indemnização Directa ao Segurado (IDS), nos casos em que este seja aplicável, possibilitando que cada *tomador do seguro* regularize o sinistro directamente com a sua própria seguradora. (*ver questão n.º 97*)

Além disso, permite que sejam reduzidos os prazos de regularização de sinistros por parte das seguradoras, tornando mais rápida a resolução do caso. (*ver questões n.ᵒˢ 109 e 118*)

71. O que deve incluir-se na declaração amigável de acidente automóvel?

A declaração amigável deve conter as informações indispensáveis à resolução do sinistro:

a) Identificação completa dos intervenientes e respectivos veículos: nome, morada, telefone e carta de condução do condutor; matrícula, marca, modelo, versão e cor do veículo;

b) Identificação das apólices de seguro dos veículos intervenientes: número de apólice, seguradora e período de validade (de acordo com os documentos comprovativos, designadamente a Carta Verde ou o selo existente no pára-brisas do veículo);

c) Posição dos veículos intervenientes, fazendo o respectivo esboço no espaço disponível para o efeito;

Ocorrência de Acidente de Viação

d) Assinalar com "X" o(s) caso(s) aplicáveis ao acidente e preencher o número de quadrados assinalados;

e) Assinaturas dos condutores intervenientes;

f) Deve anotar-se a identificação completa das testemunhas presenciais (designadamente nome, morada e telefone), incluindo os passageiros transportados nos veículos intervenientes;

Cada um dos intervenientes deverá ficar com um exemplar da declaração.

72. Que outras circunstâncias especiais devem ser atendidas?

a) Quando o condutor não for o proprietário do veículo, deve anotar-se a identificação do condutor e do proprietário;

b) Se o acidente envolver um veículo articulado composto por tractor e reboque, deve ser anotada a matrícula de ambos os elementos e identificada a apólice que cobre cada um deles;

c) Se o acidente envolver um veículo de matrícula estrangeira, além da identificação do proprietário, do condutor, do veículo e da apólice, deve verificar-se qual o país onde o veículo tem o seu estacionamento habitual e solicitar o duplicado da Carta Verde ou cópia desta;

d) Se o acidente envolver mais do que dois veículos, todos os intervenientes deverão preencher uma declaração amigável, em conjunto com os condutores (intervenientes) dos veículos que tenham embatido entre si.

73. E se também houver feridos?

Além do preenchimento da declaração amigável de acidente automóvel, deve ser solicitada a intervenção de meios de socorro e da autoridade policial, a qual elaborará um auto de ocorrência.

Se possível, devem ser identificadas testemunhas do acidente, especialmente as pessoas estranhas ao sinistro, para

Ocorrência de Acidente de Viação

ajudar ao esclarecimento da forma como ocorreu o acidente e demais elementos que são relevantes para apurar a responsabilidade civil.

74. E se não houver acordo quanto às circunstâncias do acidente?

Mesmo que não haja acordo entre os intervenientes quanto às circunstâncias do acidente, existe interesse em que seja preenchida e assinada a declaração amigável, na qual se enunciem os outros aspectos relativos ao acidente. Aliás, não é necessário que os intervenientes se declarem culpados.

IV – Participação do acidente

75. Deve ser comunicado à seguradora todo e qualquer acidente?

Sim. Toda e qualquer ocorrência deve ser comunicada à seguradora mesmo que o *segurado* não se considere responsável.

A simples comunicação do acidente ou a entrega da declaração amigável de acidente automóvel não implica, por si só, o agravamento do prémio. Este agravamento apenas existirá se for atribuída ao segurado alguma responsabilidade.

76. Quando deve ser participado o acidente?

Deve ser participado no mais curto prazo possível, que nunca deverá ser superior a 8 dias, a contar da data da ocorrência ou do dia em que se tenha conhecimento do mesmo (art. 34.º LSO).

Ocorrência de Acidente de Viação

77. A quem deve ser participado o acidente?

Se o acidente puder ser regularizado ao abrigo da convenção de Indemnização Directa ao Segurado (IDS), a participação, juntamente com a cópia da declaração amigável, devidamente preenchida e assinada, pode ser apresentada na própria seguradora. (*ver questão n.º 97*)

Se o acidente não puder ser regularizado pela convenção IDS, sem prejuízo de também ser participado à própria seguradora, a reclamação para efeitos de reparação ou de indemnização deve ser feita junto da(s) seguradora(s) do(s) causador(es) do acidente.

78. A mera participação de acidente determina alteração do prémio do contrato de seguro?

Não. As regras relativas ao bónus apenas se aplicam se a seguradora efectuar pagamentos ou assumir obrigações perante terceiros, em virtude de responsabilidade do seu *segurado* na produção do acidente.

INDEMNIZAÇÃO POR ACIDENTE DE VIAÇÃO

I – Regras essenciais em matéria de indemnizações

79. Qual o princípio geral em matéria de indemnizações por acidente de viação?

Quem estiver obrigado a reparar um dano decorrente de acidente de viação deve reconstituir a situação que existiria se não se tivesse verificado o acidente (art. 560.º CC).

Trata-se do princípio da reconstituição natural que, por exemplo, leva a que o veículo deva ser reparado por forma a

Indemnização por Acidente de Viação

ficar, tanto quanto possível, na situação em que se encontrava antes do acidente.

Mas nem sempre a natureza dos danos possibilita esta forma de reparação. Certos danos são por natureza irreparáveis, como acontece com a morte ou com lesões corporais. Outras vezes, a reparação dos *danos materiais* é possível mas o seu custo é excessivo para o responsável. Em relação aos danos que se projectam no futuro (p. ex. devidos a perdas salariais ou de outros rendimentos ou ao acréscimo de despesas), torna-se difícil apurar com exactidão a sua dimensão.

Em qualquer caso, há a necessidade de determinar a quantia em dinheiro que, sendo paga imediatamente ou através de uma renda periódica, sirva para compensar o lesado dos *danos não patrimoniais* sofridos ou que, de acordo com princípios de justiça ajustados ao caso concreto, permita repor, tanto quanto possível, a situação patrimonial.

80. Todos os danos que ocorrerem depois do acidente são indemnizáveis?

Não. Apenas podem ser considerados os danos que tenham sido causados pelo próprio acidente, ou seja, que estejam ligados ao acidente por um nexo de *causalidade adequada*.

Assim se os danos verificados não tiverem qualquer relação com o acidente não são cobertos pela responsabilidade civil.

81. Que danos são cobertos pela obrigação de indemnização?

A lei atribui relevo não apenas aos *danos emergentes* como aos *lucros cessantes* (arts. 560.º e segs. CC).

Ou seja, tanto importam os danos directamente causados (tais como a reparação do veículo acidentado ou as despesas que o lesado teve de fazer com transportes ou com medicamentos), como os benefícios que o lesado deixou de obter por causa do acidente (p. ex. os salários que deixou ou deixará de

Indemnização por Acidente de Viação

receber ou as receitas que perdeu ou vai perder em consequência da situação de doença ou de incapacidade).

Importa ainda considerar especialmente nesta área dos acidentes de viação, em que são frequentes os danos causados em veículos, que, em princípio, o terceiro lesado tem o direito de exigir a reposição do veículo no estado em que se encontrava antes do acidente, a não ser que, atento o valor do veículo, os custos da reparação se revelem excessivos. Tal reparação pode, aliás, ser efectuada na oficina que for indicada pelo lesado, não estando obrigado a aceitar a oficina indicada pela seguradora responsável.

Numa outra vertente, a impossibilidade de utilização do veículo antes de ser integralmente reparado confere ao proprietário o direito de obter um veículo de substituição, respondendo a seguradora pelos danos causados se não proceder a essa substituição.

II – Indemnizações em casos de morte e de lesões corporais

82. Que direitos são reconhecidos em casos de morte?

É corrente estabelecer-se uma distinção entre o direito de indemnização correspondente à perda da própria vida e o direito de indemnização dos familiares pelos *danos morais* sofridos por causa da morte de outra pessoa.

Por razões de segurança, a lei fixou as categorias de familiares a que reconhece o direito de receber ambas as compensações (art. 496.º CC).

Assim, tal direito cabe:

a) Em conjunto, ao cônjuge não separado judicialmente de pessoas e bens e aos filhos ou, se algum ou alguns já tiverem falecido, aos respectivos descendentes, em sua substituição;

b) Na falta de qualquer dos familiares referidos na alínea anterior, o direito cabe aos pais ou a outros ascendentes do falecido;

c) Na ausência de algum dos familiares referidos nas alíneas anteriores, o direito é reconhecido aos irmãos da pessoa falecida ou, se algum ou alguns já tiverem falecido, aos sobrinhos, em sua representação.

d) Reconhece-se ainda o direito de compensação pelos danos morais sofridos pela própria vítima entre a data do acidente e a data da morte, abarcando quer as dores físicas causadas pelas lesões, quer os efeitos de ordem psicológica relacionados fundamentalmente com a antevisão ou percepção da ocorrência da morte.

No que concerne à identificação das pessoas a que se reconhece o direito de receber as compensações, estamos perante uma regra rígida que não contempla outras situações.

Assim, não importa que existam outros familiares ou quaisquer outras pessoas que mantinham uma relação com o falecido ou a quem este se encontrava ligado por laços afectivos ou de convivência. Mesmo que não exista nenhum daqueles familiares, a lei não reconhece a qualquer outra pessoa o direito de obter compensações pela perda da vida ou por danos morais.

83. E quanto à pessoa que com o falecido vivia em união de facto?

Em determinadas circunstâncias, a lei portuguesa já reconhece alguns direitos àqueles que vivem em *união de facto* (isto é, em condições semelhantes às dos cônjuges no casamento), designadamente no que respeita à pensão de sobrevivência ou à transmissão do contrato de arrendamento. Todavia, a união de facto não é equiparada ao casamento, continuando a existir na lei um tratamento diferenciado.

Assim acontece também em matéria de acidentes de viação.

Em caso de morte de um dos elementos da união de facto, não é reconhecido ao outro o direito de obter qualquer compensação pela perda da vida ou mesmo pelos *danos morais* que a morte lhe tenha provocado. Como se dirá mais adiante, a protecção legal apenas é concedida relativamente aos danos

Indemnização por Acidente de Viação

patrimoniais calculados em função das prestações alimentares que o outro espontaneamente efectuava (art. 495.º CC).

No entanto, apesar da rigidez do sistema legal quanto à definição dos titulares do direito de compensação em casos de morte, para efeitos de regularização extrajudicial de danos decorrentes de acidentes de viação, a Portaria n.º 377/08, de 26 de Maio, publicada em *Apêndice*, estabelece no seu Anexo II a equiparação entre a *união de facto* e o casamento.

Pode ser este o primeiro sinal de uma futura modificação do regime. No entanto, neste momento, apenas está previsto para situações em que o sinistro seja resolvido sem intervenção dos tribunais, sendo insuficiente para configurar a existência de um verdadeiro direito que possa ser invocado em relação ao responsável pelo acidente quando a questão seja apresentada perante os tribunais.

84. Que outros direitos são reconhecidos em casos de morte?

Considerando a diversidade de ocorrências que podem verificar-se na sequência de acidente de viação que tenha causado a morte de uma pessoa, a lei reconheceu outros direitos de indemnização.

Assim, pode ser reclamada indemnização por todas as despesas feitas para salvar o lesado, designadamente com o socorro, tratamento e assistência da vítima, ambulâncias, internamentos hospitalares, médicos, medicamentos e tratamentos (art. 495.º CC). Incluem-se ainda as despesas com o funeral. O direito de reembolso é atribuído às pessoas ou entidades que tenham realizado tais despesas.

A lei reconhece ainda um direito de indemnização pelos prejuízos patrimoniais sofridos pelas pessoas que estavam em posição de exigir *alimentos* do lesado (por ex. o cônjuge ou os filhos menores) ou a quem este espontaneamente os prestava (por ex. a pessoa que com o lesado vivia em *união de facto* ou em economia comum) (art. 495.º CC).

Indemnização por Acidente de Viação

Repare-se que a alusão à prestação de alimentos não deve ser interpretada no seu sentido literal, ligado apenas a despesas com a alimentação, abrangendo ainda todas as despesas necessárias à sobrevivência condigna (com a habitação, vestuário, educação, etc.).

85. Como se determinam as indemnizações devidas em consequência da morte do lesado?

Naturalmente que a vida de qualquer pessoa é insubstituível. É impossível determinar qual o valor que deve ser atribuído quer pela vida da pessoa falecida, quer pelos *danos morais* que sofrem os familiares (cônjuge, pais, filhos, irmãos, etc.).

Em bom rigor, nestas situações, nem sequer se trata de indemnizações, sendo mais apropriado falar de compensações monetárias que, de algum modo, permitem atenuar os efeitos decorrentes de danos de natureza moral.

Os interessados podem estabelecer acordo relativamente a esta matéria. Na ausência de acordo, admite-se o recurso aos tribunais que deverão fixar a quantia que for considerada ajustada, em face das circunstâncias do caso e de acordo com os critérios que estão legalmente definidos, ponderando, designadamente, o grau de culpa ou a situação económica do responsável.

Será fundamentalmente com base na equidade que os tribunais deverão fixar a quantia considerada justa.

86. Não seria mais justo e equitativo estabelecer tabelas de indemnização?

Em alguns países já existem tabelas de indemnizações (umas de carácter obrigatório, outras com valor meramente indicativo) relativas à morte ou a danos corporais derivados de acidentes de viação, com ponderação, entre outros factores, da idade da vítima ou dos familiares ou da relação de parentesco entre eles.

Com o recurso a tais tabelas, é possível prever com mais segurança as quantias que os interessados poderão obter dos responsáveis ou as quantias que estes deverão suportar em consequência de acidentes. Além disso, o uso de tais tabelas permite tratar por igual situações idênticas, evitando a diversidade de resultados.

Todavia, em Portugal o legislador ainda não adoptou este sistema. Por isso, se as partes não estabelecerem acordo sobre a matéria, a determinação das indemnizações por parte dos tribunais fica naturalmente dependente dos critérios que por estes forem usados.

Muito recentemente, foram aprovadas tabelas de indemnizações para casos de morte ou de lesões corporais. Mas tais tabelas têm apenas como objectivo facilitar e acelerar a resolução de acidentes de viação, por mútuo acordo, evitando o recurso aos tribunais (nos termos dos Anexos I e II da Portaria publicada em *Apêndice*).

Estamos, assim, perante tabelas com mera função de orientação das seguradoras quando se trate de apresentar aos lesados uma proposta razoável de indemnização na fase de regularização de danos corporais, a fim de proporcionar o estabelecimento de um acordo que permita evitar que se passe à fase contenciosa.

Por isso, em caso de desacordo entre as seguradoras e os lesados, nada impede que estes recorram aos tribunais pedindo a condenação das seguradoras no pagamento de indemnizações superiores que correspondam aos danos concretamente provocados, não estando os tribunais limitados também pelos valores constantes das referidas tabelas que, para o efeito, terão natureza meramente indicativa.

87. Mas a fixação de indemnizações relativas ao direito à vida ou aos danos morais por parte dos tribunais é arbitrária?

Não. Longe disso, existem alguns parâmetros que devem ser observados pelos tribunais.

Para além das circunstâncias já referidas, é importante analisar os valores que os tribunais (*maxime* o Supremo Tribunal de Justiça) costumam atribuir. Existe uma natural tendência dos tribunais para acatar os critérios e os valores que são aplicados pelo Supremo Tribunal de Justiça.

Ainda que não possa qualificar-se como arbitrária a tarefa dos tribunais quando se trate de determinar as indemnizações devidas, não há dúvidas de que existe uma larga margem de subjectividade que só se anularia a partir do estabelecimento de tabelas de uso obrigatório, evitando o tratamento desigual de situações semelhantes.

88. E quanto à indemnização pelos danos patrimoniais futuros?

Também aqui o legislador poderia ter optado por fixar critérios mais objectivos que proporcionassem aos interessados e aos próprios tribunais mais segurança e uniformidade de tratamento. Nem sequer era difícil essa tarefa, bastando para o efeito adaptar uma fórmula semelhante à que é usada para estabelecer as indemnizações por acidentes de trabalho, em que se pondera a idade da vítima, a taxa de incapacidade, a idade dos interessados com direito de indemnização e o salário auferido pelo sinistrado.

Na falta de uma tal opção do legislador, os tribunais tiveram de encontrar formas de resolver a situação.

Assim, no que respeita à indemnização devida pelas prestações alimentares que os interessados (por exemplo, o cônjuge ou os filhos menores) deixaram de receber em consequência da morte de uma pessoa, é corrente tomar em conta o tempo provável de vida do sinistrado e os anos em que o familiar continuaria a beneficiar dessa prestação (por exemplo, em relação aos menores, tomando em linha de conta a entrada na vida profissional).

A par disso, é importante determinar, ao menos por aproximação, qual o montante que o sinistrado disponibilizava para o efeito, tendo em conta o salário ou outros rendimentos

Indemnização por Acidente de Viação

que auferia (de acordo com as declarações apresentadas para efeitos fiscais, nos termos que agora constam do art. 64.º LSO).

Com base em tais elementos, é corrente o uso de uma fórmula matemática que, em termos aproximados, permite determinar a quantia ajustada à concreta situação.

Em relação a estes danos as seguradoras, ainda que unicamente para efeitos de apresentação de uma proposta razoável de indemnização na fase de negociações, devem orientar-se pela Tabela que se encontra no Anexo III da Portaria publicada em *Apêndice*.

89. Poderá estabelecer-se alguma distinção em função da condição económica, social ou da idade do falecido?

Em relação ao valor da própria vida, a lei não estabelece qualquer distinção em função da condição económica ou social do falecido ou da sua idade. Também não estabelece qualquer distinção relativamente aos *danos morais* dos familiares, tudo dependendo, em qualquer caso, do que se provar acerca dos danos que a morte de uma pessoa em concreto causou.

Os únicos parâmetros objectivos em que se pondera a idade da vítima, o tempo de duração do casamento ou a idade dos filhos estão estabelecidos para servirem de base à proposta razoável a apresentar pelas seguradoras na fase de regularização extrajudicial de danos corporais, nos termos que constam da Tabela que consta do Anexo II da Portaria publicada em *Apêndice*.

Já relativamente aos danos patrimoniais, pode afirmar-se que a condição económica do sinistrado que falece exerce uma inequívoca influência no valor das indemnizações, pois que a sua quantificação está em larga medida dependente do nível de rendimentos que o falecido auferia e do quantitativo da sua contribuição em termos de prestações alimentares.

Note-se, no entanto, que, para o efeito, só poderão ser considerados os rendimentos que tenham sido devidamente assinalados nas respectivas declarações fiscais (nova redacção do art. 64.º LSO).

Indemnização por Acidente de Viação

90. Que lesões corporais são relevantes para justificar o direito de indemnização?

A lei atribui relevo aos *danos não patrimoniais* que, pela sua gravidade, mereçam a tutela do direito (art. 496.º CC). Propositadamente o legislador não concretizou esses danos, deixando para os tribunais, em caso de necessidade, a sua caracterização e qualificação. Ponto assente é que devem ser danos de uma certa gravidade.

Assim, são consideradas relevantes as dores causadas por lesões corporais, os traumas que decorrem dos acidentes, o desgosto de danos estéticos derivados de cicatrizes ou da perda de mobilidade ou de agilidade, a perda de capacidades em termos de actividade sexual, a redução de capacidade auditiva, etc.

Deve notar-se que, para efeitos de regularização extrajudicial de acidentes de viação, a Portaria em *Apêndice* não considera relevantes as dores correspondentes aos pontos 1, 2 e 3 da escala de *quantum doloris* (escala relativa às dores sofridas), atribuindo importância apenas aos escalões correspondentes aos pontos 4, 5, 6 e 7.

Em alternativa, está prevista a indemnização pelo chamado dano biológico, isto é, pela violação do direito à integridade física ou psíquica do lesado.

91. Quem tem direito de indemnização pelos danos morais?

Sem prejuízo do que já se referiu quanto aos casos de morte, a indemnização por *danos morais* decorrentes de lesões corporais cabe à própria pessoa afectada, tendo como objectivo compensá-la pelas dores físicas ou pelos efeitos psicológicos derivados do acidente.

Relativamente às pessoas afectadas gravemente e que, em consequência do acidente, fiquem na dependência de terceiros (p. ex. pessoas em estado de coma ou paraplégicas), o entendimento geral que tem vingado nos tribunais vai no

Indemnização por Acidente de Viação

sentido de não conceder qualquer indemnização a título de danos morais aos próprios familiares que ficam com o encargo, atendendo apenas aos *danos materiais* ou às despesas acrescidas que tal situação determine (p. ex. despesas com a ajuda de terceira pessoa).

Apesar disso, é defensável uma solução diversa que pondere a gravidade dos efeitos que também são sentidos pelos familiares mais próximos do lesado, cuja vida também sofre uma transformação radical em consequência do acidente e que também acabam por sofrer danos psicológicos de grande gravidade.

Certas situações não deixam quaisquer dúvidas quanto à sua gravidade e quanto aos seus reflexos dramáticos nos familiares mais próximos dos lesados directos, que, por vezes, excedem os que derivam da própria morte.

92. Que direitos tem a pessoa que, em consequência de acidente de viação, fique totalmente inválida?

Tem direito de indemnização por *danos morais* relacionados com a situação de invalidez e com todos os sofrimentos que o acidente causou ou causará.

Tem ainda direito de indemnização pelos danos patrimoniais que tiver de suportar para garantir a sua sobrevivência (ex. pagamento das despesas com terceira pessoa, adaptação da sua habitação, aquisição de cadeira de rodas, etc.) ou o direito de indemnização pelas despesas médicas ou medicamentosas ou outros tratamentos necessários e que derivem do acidente (ex. tratamentos de fisioterapia, cirurgias, reconstituição, etc.).

São ainda de ponderar os danos patrimoniais que o acidente causou, designadamente os relacionados com salários ou outros rendimentos que deixou ou deixará de receber em consequência do acidente, ponderando, para o efeito, os elementos anteriormente apresentados para efeitos fiscais (actual art. 64.º LSO).

Indemnização por Acidente de Viação

93. E qual o valor da indemnização quando existam lesões que determinem incapacidade temporária?

Relativamente ao próprio lesado, a indemnização pode ter duas vertentes: a compensação pelos *danos morais* causados (dores, angústia, frustração de expectativas, etc.) e a indemnização pelos prejuízos efectivos, designadamente os que derivaram da perda de salários ou de outros rendimentos em virtude de incapacidade ou de internamento hospitalar.

94. Existe alguma regra objectiva que permita quantificar antecipadamente cada uma das parcelas?

Quanto aos *danos morais*, a lei deixou a sua determinação para tribunais, que devem decidir de acordo com princípios de justiça, ponderando as circunstâncias do caso, tais como a culpa e a condição económica do responsável e do lesado. Trata-se de uma situação semelhante à prevista para os casos de morte.

Quanto aos danos patrimoniais, a sua quantificação depende das despesas que se apurarem e do cálculo quanto aos efeitos resultantes da incapacidade, ponderando, designadamente, o salário ou os rendimentos que o lesado deixou de receber ou que foram reduzidos, tendo em conta as declarações fiscais (art. 64.º LSO).

95. E qual o valor da indemnização quando existam lesões que determinem incapacidade permanente?

Em situações de incapacidade permanente, para além da compensação por *danos morais*, o lesado tem direito a indemnização pelos prejuízos patrimoniais, quer com despesas realizadas ou a realizar, quer com perdas de rendimentos que teve ou terá, tendo em conta as declarações fiscais anteriores e o tempo de vida activa, isto é, o número de anos que, previsivelmente, teria à sua frente. Em qualquer caso, tem sempre de se considerar que se o lesado não optar por uma renda

Indemnização por Acidente de Viação

periódica, receberá de imediato todo o quantitativo da indemnização reportada a anos futuros.

Para o efeito de determinação de perdas de rendimentos futuros, é corrente usar um critério que pondera o tempo de vida do lesado, isto é, o período durante o qual continuaria provavelmente a receber os rendimentos que cessaram ou que ficaram reduzidos, de modo a encontrar um valor que, sendo pago de uma só vez, permita produzir durante todo esse período um rendimento semelhante.

É essa metodologia que as seguradoras também devem utilizar quando apresentem ao lesado uma proposta razoável de indemnização, para efeitos de regularização do sinistro, por acordo, nos termos que resultam do Anexo III da Portaria publicada em *Apêndice*.

96. Qual a importância que é atribuída às declarações de rendimentos apresentadas para efeitos fiscais?

É comum nos tribunais e também na fase pré-judicial surgirem pedidos de indemnização respeitantes a rendimentos ou salários que alegadamente deixaram de ser recebidos por causa da morte ou de lesão corporal e que não correspondem aos que constavam de declarações anteriormente apresentadas para efeitos fiscais.

Tal prática reprovável tem os dias contados, ao menos no que respeita aos pedidos de indemnização apresentados na sequência de acidentes de viação. Com efeito, uma lei muito recente – o Dec. Lei n.º 153/08, de 6-8 – alterou o art. 64.º da LSO, estabelecendo textualmente que "*para efeitos de apuramento do rendimento mensal do lesado no âmbito da determinação do montante da indemnização por danos patrimoniais a atribuir ao lesado, o tribunal deve basear-se nos rendimentos líquidos auferidos à data do acidente que se encontrem fiscalmente comprovados, uma vez cumpridas as obrigações declarativas relativas àquele período, constantes de legislação fiscal*".

Trata-se de uma alteração que se ajusta ao que consta da Portaria n.º 377/08, de 26-5, publicada em *Apêndice*, no que

Indemnização por Acidente de Viação

respeita ao conteúdo da proposta razoável a apresentar pela seguradora na fase de regularização de acidentes de viação, na qual se estabelecem como referência para efeitos de apuramento do rendimento mensal da vítima os *"rendimentos líquidos auferidos à data do acidente fiscalmente comprovados"*.

Deste modo, quer na fase de regularização extrajudicial, quer, depois, na fase judicial, os pedidos de indemnização relativos a perdas de rendimentos devem estar em conformidade com o que resultar das declarações oportunamente apresentadas para efeitos de IRS ou de IRC, designadamente no que respeita a salários, comissões, pensões de *alimentos*, rendimentos prediais ou rendimentos da actividade comercial ou industrial.

Deste modo, introduziu o legislador um factor de moralização e de combate à evasão fiscal, ainda que num diploma regulador dos critérios de fixação de indemnizações por acidentes de viação.

REGULARIZAÇÃO DE ACIDENTES DE VIAÇÃO POR VIA CONSENSUAL

I – Sistema de Indemnização Directa ao Segurado (IDS)

97. O que é o sistema de Indemnização Directa ao Segurado?

É um Protocolo celebrado entre seguradoras com o objectivo de acelerar a resolução de determinados acidentes de viação, permitindo que o lesado possa resolver o sinistro junto da sua própria seguradora, sem necessidade de contactar a seguradora do terceiro responsável.

A resolução do processo de sinistro assenta numa Tabela Prática de Responsabilidades, isto é, num conjunto de gráficos ilustrativos de alguns acidentes, através dos quais são definidos, de forma objectiva, os graus de responsabilidade de cada um dos intervenientes.

No entanto, o recurso ao sistema IDS não é obrigatório, podendo o interessado optar pela resolução do sinistro directamente junto da seguradora responsável. Além disso, mesmo que seja solicitada a resolução através do sistema IDS, o *segurado* não está obrigado a aceitar a responsabilidade que seja indicada pela seguradora, nem as conclusões relativas aos danos.

98. Todos os acidentes podem ser regularizados pelo IDS?

Nem todos. O sistema IDS aplica-se apenas aos acidentes que reúnam as seguintes características cumulativas:

a) Envolvam apenas contacto entre dois veículos;

b) As seguradoras desses veículos devem ser aderentes ao Protocolo IDS;

c) Os acidentes devem ter ocorrido em Portugal;

d) Os *danos materiais* provocados em cada um dos veículos que não devem ser superiores a € 15.000,00;

e) Deve verificar-se a ausência de danos corporais.

Além disso, o recurso ao sistema IDS depende do preenchimento da declaração amigável de acidente automóvel, com indicação da data da ocorrência, identificação dos veículos e respectivas seguradoras e indicação das circunstâncias do acidente.

No entanto, não é necessário que qualquer dos intervenientes se declare culpado nessa declaração.

99. O sistema IDS pode abarcar outros acidentes?

Existe uma outra forma de regularizar sinistros junto da própria seguradora do lesado que não estão abrangidos pelo sistema IDS, nomeadamente, quando não tenha sido preenchida ou assinada a Declaração Amigável de Acidente Automóvel.

Porém, tal forma de regularização está limitada aos casos em que apenas existam *danos materiais*, sendo necessário que a participação de sinistro seja feita por escrito e assinada pelo participante, constando da mesma a informação sobre matrículas dos veículos intervenientes, data e hora do acidente, descrição sumária do acidente, local do acidente e indicação dos danos no próprio veículo.

Se possível, deve, ainda, ser facultada a informação sobre o número das apólices e/ou respectivas seguradoras, marca do outro veículo interveniente, dados do condutor do outro veículo e danos no outro veículo.

II – Regularização de acidente de viação: aspectos gerais

100. Onde se encontra prevista a regularização dos acidentes de viação?

No seu essencial, a regularização de acidentes de viação por via consensual encontra-se prevista nos arts. 31.º a 46.º da LSO. Aí se prevê a tramitação do processo tendo em vista a aceitação ou não pela seguradora (ou, nos casos em que isso ocorrer, pelo Fundo de Garantia Automóvel) da responsabilidade pelo acidente de viação e, em caso afirmativo, o pagamento das indemnizações devidas (art. 31.º).

A matéria foi regulamentada pela Portaria n.º 377/07, de 26-5, publicada em *Apêndice*. Conquanto nela se diga que não fica afastada a indemnização de outros danos e que nada impede a fixação (pelas partes ou pelos tribunais) de valores superiores aos que nela vêm propostos, trata-se de um instrumento que seguramente irá influenciar todos os processos de regulação extrajudicial de sinistros automóveis.

Efectivamente, a não ser que os tribunais, nos casos em que sejam chamados a intervir, acabem por fixar montantes sensivelmente superiores, por exemplo em relação à perda da vida, aos *danos morais* dos familiares ou a danos patrimoniais futuros, haverá uma natural tendência para que se sigam as regras decorrentes de tal Portaria.

Formulando as seguradoras propostas de indemnização com base nos valores aí previstos, tal constituirá uma forte pressão sobre os lesados em relação à sua aceitação, tendo em conta os riscos associados a qualquer processo judicial, no que respeita à prova dos factos ou valores de indemnização, e o tempo que necessariamente demora até que exista sentença definitiva.

Note-se, no entanto, que quando os valores apresentados pela seguradora ficarem abaixo dos que porventura vierem a ser fixados pelo Tribunal, a seguradora será penalizada com juros a dobrar em relação ao valor diferencial.

Por outro lado, entende-se que a proposta só é razoável se não gerar um desequilíbrio significativo em desfavor do lesado (art. 38.º LSO).

101. Para obter a regularização do sinistro, é necessário que os intervenientes no acidente de viação tenham chegado a acordo quanto ao modo como ocorreu?

Não é necessário acordo (art. 32.º LSO). No entanto, se existir, tornar-se-á mais fácil e mais rápido obter da seguradora a indemnização.

102. Como deve ser feita a participação do acidente?

A participação do acidente pode ser feita em impresso próprio fornecido pela seguradora ou disponível no respectivo sítio na *Internet*. Pode ainda ser feita por qualquer outro modo (via postal, correio electrónico, fax, etc.), desde que da participação fique um registo escrito ou gravado (art. 35.º LSO).

103. Existe alguma vantagem em que a participação seja feita e assinada por ambos os condutores?

Sim. Para além de uma mais rápida regularização do sinistro, reduzindo para metade os prazos da seguradora no que respeita às peritagens e comunicação da aceitação ou não da responsabilidade (art. 36.º LSO), a participação assinada por ambos os condutores envolvidos faz prova (através de *presunção*) de que o acidente ocorreu nas circunstâncias e nos moldes nela referidos e que dele resultaram as consequências descritas na participação, passando a recair sobre a seguradora o encargo de provar que as circunstâncias ou as consequências do acidente foram diversas das que ficaram a constar da participação (art. 35.º LSO).

104. A aceitação de responsabilidade pela seguradora necessita do acordo do segurado ou do tomador do seguro?

Não. Mesmo que o *segurado* considere que não é responsável pelo acidente, nada impede a sua seguradora de admitir a responsabilidade total ou parcial, a qual, em determinadas circunstâncias, nem sequer depende da culpa mas de outros factores que se integram no risco próprio dos veículos.

Contudo, o segurado não é inteiramente alheio às conclusões a que chegar a sua seguradora. Com efeito, a eventual aceitação da responsabilidade pode sugerir, por exemplo, a existência de culpa do condutor. Por isso, a lei prevê que a decisão da seguradora sobre a aceitação da responsabilidade total ou parcial seja também comunicada ao segurado, o qual pode apresentar, no prazo de 5 dias, as informações que julgar pertinentes para a mais correcta apreciação do sinistro (arts. 36.º e 37.º LSO).

105. É possível saber antecipadamente qual a metodologia que a seguradora irá usar na regularização do sinistro?

Sim. A lei, depois de afirmar que os métodos de avaliação dos *danos materiais* decorrentes de um sinistro devem ser "*razoáveis, adequados e coerentes*", obriga as seguradoras a dispor de um sistema que garanta um adequado tratamento das

Regularização de Acidentes de Viação por Via Consensual

queixas e das reclamações apresentadas pelos clientes e pelos terceiros lesados, devendo ter disponíveis os princípios a que obedece o funcionamento desse sistema (art. 33.º LSO).

106. É possível obter informações sobre o andamento do processo de regularização?

Sim. As seguradoras estão obrigadas a disponibilizar aos segurados ou aos terceiros lesados informação regular sobre o andamento dos processos de sinistro (art. 36.º LSO).

107. O que fazer quando o acidente envolva veículos de matrícula estrangeira?

Se o outro veículo tiver matrícula estrangeira, o sinistro deve ser participado ao Gabinete Português de Carta Verde (CPCV) que funciona junto da Associação Portuguesa de Seguradores.

Se a seguradora do veículo de matrícula estrangeira responsável tiver um representante em Portugal, o GPCV encaminhará a participação para esse representante, o qual assegurará a resolução do acidente. No caso de não existir representante em Portugal, o sinistro será tratado por uma seguradora nomeada pelo GPCV.

108. Se o veículo responsável pelo acidente não tiver seguro?

Neste caso, o lesado deverá apresentar a reclamação pelos danos que tenha sofrido junto do Fundo de Garantia Automóvel.

Este organismo responde pelo pagamento das indemnizações derivadas de acidentes causados por veículos desconhecidos ou relativamente aos quais não existe seguro de responsabilidade civil válido ou eficaz (*ver questões n.ᵒˢ 49 e 50*).

III – Regularização de acidentes em casos de danos materiais

109. Quais os procedimentos que especificamente devem ser adoptados quando o acidente envolva danos materiais?

Logo que seja comunicada à seguradora a existência de um acidente coberto por contrato de seguro, a mesma deve proceder do seguinte modo:

a) No prazo de 2 dias úteis, deve contactar o *tomador do seguro*, o *segurado* ou o terceiro lesado, marcando as peritagens que devam ter lugar;

b) As peritagens devem estar concluídas nos 8 dias seguintes, sempre que a seguradora detenha a direcção efectiva da reparação, isto é, quando as peritagens sejam efectuadas em oficina indicada pela seguradora e que seja aceite pelo lesado. Nos outros casos, o prazo para a conclusão das peritagens conta-se a partir do dia em que exista disponibilidade da oficina e autorização do proprietário do veículo. Se houver necessidade de fazer desmontagens no veículo, o prazo para a conclusão das peritagens passa a 12 dias úteis, contados nos mesmos termos;

c) No prazo de 4 dias após a conclusão das peritagens, a seguradora deve disponibilizar ao lesado os respectivos relatórios e os relatórios de averiguações indispensáveis à sua compreensão;

d) No prazo de 30 dias depois de comunicado o sinistro, a seguradora deve comunicar ao segurado e ao terceiro lesado se aceita ou não a responsabilidade pelos danos;

e) Se tiver existido declaração amigável de acidente automóvel, os prazos referidos nas anteriores als. b), c) e d) são reduzidos a metade. Serão elevados ao dobro quando existam factores climatéricos excepcionais ou quando tenha existido em simultâneo um número de acidentes excepcionalmente elevado.

Regularização de Acidentes de Viação por Via Consensual

110. O que deve fazer a seguradora quando não aceitar a sua responsabilidade?

Deve fazer a correspondente comunicação, nela mencionando ainda que o proprietário do veículo tem a possibilidade de, à sua custa, mandar efectuar a reparação que deva ter lugar (art. 36.º LSO).

A comunicação da recusa de responsabilidade deve ser fundamentada nos seus diversos aspectos quando a responsabilidade seja rejeitada, quando não tenha sido claramente determinada ou quando os danos não sejam totalmente quantificáveis.

A falta de comunicação determina o pagamento de uma quantia de € 200,00 por cada dia de atraso (a dividir entre o lesado e o Instituto de Seguros de Portugal), para além do agravamento, para o dobro, da taxa de juros sobre a quantia que vier a ser fixado pelo tribunal.

111. O que deve fazer a seguradora quando entenda aceitar a responsabilidade?

Aceitando a responsabilidade pelo acidente, a seguradora deve comunicar essa decisão ao lesado e ao segurado. Se o segurado não se tiver declarado responsável, pode apresentar as informações que entender convenientes para uma melhor apreciação do sinistro, no prazo de 5 dias.

Aceitando a responsabilidade, se os danos reclamados forem quantificáveis no todo ou em parte, a seguradora deve apresentar uma proposta razoável de indemnização, sob pena de pagar juros ao dobro da taxa legal sobre o montante da indemnização que eventualmente venha a ser fixada pelo tribunal e uma quantia de € 200,00 por cada dia de atraso, a qual reverte, em partes iguais, para o lesado e para o Instituto de Seguros de Portugal (art. 38.º LSO).

112. O que se entende por proposta razoável de indemnização por danos materiais?

Os métodos de avaliação dos *danos materiais* a empregar pelas seguradoras devem ser *"razoáveis, adequados e coerentes"* (art. 33.º LSO).

Dito isto, a lei considera que a proposta que a seguradora apresente ao terceiro lesado relativa à indemnização dos danos materiais é razoável quando *"não gere um desequilíbrio significativo em desfavor do lesado"* (art. 38.º LSO), expressão vaga que deve ser aferida em face dos concretos elementos.

Com o objectivo de dar mais consistência e seriedade a este dever, a lei determina que, se a proposta apresentada for considerada manifestamente insuficiente, a seguradora pagará o dobro da taxa legal de juros sobre a quantia correspondente à diferença entre o montante por ela apresentado e o montante que vier a ser fixado pelo tribunal.

113. Quando se considera que ocorre perda total do veículo?

Para além dos casos em que tenha ocorrido o desaparecimento ou destruição do veículo, considera-se que existe perda total quando:

a) A reparação for materialmente impossível ou tecnicamente não aconselhável, por terem sido gravemente afectadas as condições de segurança do veículo;

b) Quando o valor estimado para a reparação, adicionado ao valor dos salvados, ultrapassar 100% do valor do veículo com menos de 2 anos ou ultrapassar 120% do valor do veículo com mais de 2 anos.

114. O que sucede se houver perda total do veículo?

a) Se houver perda total do veículo, a seguradora, se aceitar a responsabilidade, deverá apresentar uma proposta razoável de indemnização em dinheiro correspondente ao valor do veículo no momento anterior ao acidente. Será deduzido a esse valor o valor dos salvados, se estes ficarem para o lesado.

Pretende-se, assim, que, através da entrega de uma quantia, seja reconstituída a situação que existiria se não se tivesse verificado o acidente.

O pagamento da indemnização fica dependente da entrega pelo lesado do documento único automóvel ou do título de registo de propriedade (art. 43.º LSO).

b) Entre a data em que a seguradora assuma a responsabilidade exclusiva e a data em que coloque à sua disposição o pagamento da indemnização, o lesado tem direito a um veículo de substituição de características semelhantes e com um seguro de coberturas idênticas às da viatura sinistrada, o qual é da responsabilidade da empresa de seguros (art. 42.º LSO).

c) O lesado tem sempre direito de ser indemnizado relativamente ao período de tempo em que ficou privado do veículo, designadamente pelas despesas que teve de realizar com transportes (art. 42.º LSO).

115. Como se determina o valor venal do veículo?

A lei considera como *valor venal do veículo* o seu valor de substituição no momento anterior ao do acidente. Ou seja, é o valor que teria de ser dado para que o lesado adquirisse um veículo com características essencialmente idênticas, designadamente em função da marca, modelo, ano de fabrico e estado de conservação.

Nem sempre será fácil determinar com rigor esse valor, especialmente nos casos em que o veículo já não seja comercializado.

De todo o modo, tanto deve ser rejeitada uma proposta do lesado que sobrevalorize o veículo, tendo em conta razões de ordem puramente subjectiva ou afectiva, como a da seguradora que o subvalorize, com referência genérica a tabelas de venda de veículos usados publicadas em revistas da especialidade, sem qualquer ponderação da utilidade que o veículo acidentado apresentava para o lesado.

Uma vez que o lesado tem o direito de ser colocado, tanto quanto possível, na situação em que se encontraria se não tivesse ocorrido o acidente que provocou a perda total do veículo, é legítimo exigir a quantia que for suficiente para adquirir um veículo de características semelhantes e capaz de exercer a mesma função que o anterior desempenhava.

116. Quais os direitos do lesado quando não ocorra perda total do veículo?

O lesado tem direito à:

a) Reparação do veículo ou ao pagamento das despesas que tenha originado a reparação;

b) Atribuição de um veículo de substituição entre a data em que a seguradora assuma a responsabilidade exclusiva pelo sinistro e a data da conclusão da reparação, com um seguro de coberturas idênticas às da viatura sinistrada;

c) Indemnização relativamente ao período de tempo em que ficou privado do veículo, designadamente pelas despesas que teve de realizar com transportes.

117. Pode a seguradora responsável recusar a reparação do veículo em oficina indicada pelo lesado?

Não. A reparação poderá ser feita em qualquer oficina, desde que seja eficaz, isto é, desde que reponha o veículo automóvel nas condições em que o mesmo se encontraria se não tivesse existido acidente.

No entanto, caso a oficina seja indicada pelo lesado, os prazos previstos na lei em vigor poderão ser afectados em função da disponibilidade da oficina escolhida.

IV – Regularização de acidentes com morte ou danos corporais

118. Quais os procedimentos que especificamente devem ser adoptados quando o acidente envolva danos corporais?

Já anteriormente se disse que, havendo danos corporais (incluindo a morte), deve ser chamada a autoridade policial e que devem identificar-se, se possível, testemunhas e ser recolhidas outras provas que se mostrem relevantes para apuramento de responsabilidades. Mediante acordo, deve ainda ser preenchida e assinada por ambos os condutores a Declaração Amigável de Acidente Automóvel, o que permitirá reduzir para metade o tempo de regularização do sinistro. (*ver questão n.º 70*)

Seguir-se-á a participação do acidente às seguradoras, existindo toda a conveniência em que a mesma seja assinada por ambos os condutores, na medida em que se presume que o acidente se verificou nas circunstâncias, nos moldes e com as consequências nela referidas, ficando a cargo da seguradora responsável a prova do contrário (art. 35.º LSO).

Feita a participação do acidente pelo *tomador do seguro*, pelo *segurado* ou pelo terceiro lesado, a seguradora deve (art. 37.º LSO):

a) Informar o lesado se entende necessário ser submetido a uma avaliação do dano corporal feita por perito médico designado pela seguradora, no prazo de 20 dias, a contar do pedido de indemnização, ou no prazo de 60 dias, a contar da comunicação do sinistro, quando não tenha sido apresentado pedido de indemnização;

b) Disponibilizar ao lesado o exame de avaliação do dano corporal, no prazo de 10 dias depois da sua recepção, assim como os relatórios de averiguação indispensáveis à sua compreensão;

c) Se tiver sido dada alta clínica e o dano for totalmente quantificável, a seguradora deve comunicar, no prazo de 45 dias a contar da apresentação do pedido de indemnização, se aceita ou não a responsabilidade, sob pena de pagamento de uma quantia de € 200,00 por cada dia de atraso e do agravamento de taxa de juros de mora para o dobro;

d) Caso a seguradora aceite a responsabilidade e os danos sejam quantificáveis, no todo ou em parte, deve apresentar ao lesado uma proposta razoável de indemnização;

e) Quando não tenha sido emitido relatório de alta clínica ou quando os danos não sejam totalmente quantificáveis, a seguradora, se aceitar a responsabilidade pelo acidente, deve apresentar ao lesado uma proposta provisória, indicando especificamente os montantes relativos a despesas já realizadas e os montantes relativos ao período de incapacidade temporária entretanto decorrido, a qual, se for aceite, será transformada em proposta definitiva no prazo de 15 dias a contar da data do conhecimento do relatório da alta clínica ou da data em que o dano deva considerar-se totalmente quantificável.

119. O que deve fazer a seguradora se rejeitar a responsabilidade?

A comunicação de não aceitação da responsabilidade deve ocorrer quando a responsabilidade seja rejeitada, quando a responsabilidade não tenha sido claramente determinada ou quando os danos não sejam totalmente quantificáveis, sob pena de a seguradora pagar o dobro da taxa legal de juros sobre o montante que eventualmente vier a ser fixado pelo tribunal, para além de quantia de € 200,00 por cada dia de atraso.

Em qualquer das situações, a resposta da seguradora deve ser fundamentada relativamente a cada ponto da reclamação apresentada pelo terceiro lesado (art. 40.º LSO).

120. O que se entende por proposta razoável de indemnização referente a danos corporais?

Aceitando a seguradora a responsabilidade pelo acidente, se os danos reclamados forem totalmente quantificáveis, deve apresentar uma proposta razoável de indemnização.

O conteúdo da referida proposta foi objecto de um desenvolvido tratamento na Portaria n.º 377/08, de 26-5 que, pela sua importância, está publicada em *Apêndice*.

Será razoável a proposta cujo conteúdo obedeça aos critérios objectivos aí previstos.

121. Que danos se incluem na apresentação de proposta razoável em casos de morte?

Abarcam-se os seguintes danos:

a) Violação do direito à vida e eventuais *danos morais* sofridos pela própria vítima entre a data do acidente e da morte;

b) Danos morais dos familiares referidos no art. 496.º do CC;

c) Perdas salariais da vítima decorrentes de incapacidade temporária entre a data do acidente e da morte;

d) Danos patrimoniais futuros reclamados pelos que podiam exigir *alimentos* da vítima ou a quem esta os prestava espontaneamente;

e) Despesas de assistência e despesas com funeral, luto ou trasladação.

122. Que danos se incluem na apresentação de proposta razoável em casos de lesão corporal?

Abarcam-se os seguintes danos:

a) Danos patrimoniais futuros em casos de incapacidade permanente absoluta ou de incapacidade para a profissão habitual;

b) Danos pela ofensa à integridade física ou psíquica, com ou sem perda da capacidade de ganho (dano biológico);

c) Perdas salariais decorrentes de incapacidade temporária entre a data do acidente e a da fixação da incapacidade;

e) Despesas decorrentes das lesões sofridas;

f) Abarcam-se ainda os seguintes danos morais complementares:

– correspondentes ao período de internamento hospitalar;

– correspondentes ao dano estético;
– correspondentes ao *quantum doloris* (grau que tenha sido fixada na escala de dores);
– *danos morais* complementares em situações de incapacidade permanente e absoluta para toda e qualquer profissão ou para a profissão habitual, em situações de necessidade de esforços acrescidos para o desempenho da actividade profissional habitual ou em situações em que o lesado, atenta a sua idade, ainda não tenha ingressado no mercado de trabalho.

123. Que valores devem ser apresentados em caso de morte?

a) Referentes à perda da própria vida, os valores a apresentar, de acordo com o *Anexo II, Tabela C,* da Portaria publicada em *Apêndice*, são até € 30.000,00, tendo a vítima mais de 75 anos, até € 40.000,00 tendo entre 50 e 75 anos, até € 50.000,00, tendo entre 25 e 49 anos e até € 60.000,00, tendo menos de 25 anos.

A quantia será repartida pelos familiares referidos no art. 496.º do CC (cônjuge e filhos ou outros descendentes; na sua falta, pelos ascendentes; e na falta destes pelos irmãos ou sobrinhos que os representem);

b) Quanto aos *danos morais* sofridos pelos próprios familiares, as compensações a apresentar variam de acordo com as situações referidas no referido *Anexo II, Tabela A*, que vai desde a quantia de € 25.000,00, relativamente ao cônjuge com 25 ou mais anos de casamento (aqui se incluindo, para este exclusivo efeito, as uniões de facto), até € 2.500,00, para o sobrinho, sem prejuízo das majorações também previstas, com ponderação da concreta situação em que ficam os familiares do falecido;

c) Prevê-se ainda a compensação correspondente ao dano moral que a própria vítima tenha sofrido antes de falecer e que varia em função do tempo de sobrevivência e do nível de sofrimento e antevisão da morte (*Anexo II, tabela D*) assim

Regularização de Acidentes de Viação por Via Consensual

como uma compensação em casos de perda de feto (*Anexo II, Tabela B*);

d) Em relação àqueles que podiam exigir *alimentos* ou a quem a vítima os prestava espontaneamente, a proposta de indemnização por danos patrimoniais futuros terá em conta o período de tempo em que provavelmente seriam pagos os alimentos, de acordo com o *Anexo III* da Portaria referida;

e) As perdas salariais correspondentes à incapacidade temporária relativa ao período de tempo entre o acidente e a morte serão calculadas tendo em conta os rendimentos líquidos fiscalmente comprovados, com limite mínimo correspondente à retribuição mínima mensal garantida, sem prejuízo das situações de desemprego;

f) Por fim acrescem as despesas de assistência, de funeral, de luto e de trasladação que serão determinadas a partir da apresentação dos originais dos comprovativos.

É importante notar, mais uma vez, que só interessam para a determinação da indemnização fixada a partir do rendimento do lesado os rendimentos fiscalmente comprovados, sendo indiferentes, quer para efeitos de apreciação da proposta razoável, quer para efeitos de eventual quantificação da indemnização pelo tribunal, os rendimentos que tiverem sido omitidos (art. 64.º LSO).

124. Que valores devem ser apresentados na proposta razoável em casos de lesão corporal?

a) Respeitantes aos danos patrimoniais futuros, deve ser apresentada uma proposta que pondere a incapacidade que afectou o lesado e o tempo de vida activa, nos termos do *Anexo III*, da Portaria publicada em *Apêndice*, tendo por base o rendimento líquido mensal comprovado para efeitos fiscais;

b) Respeitante ao dano biológico, pela ofensa à integridade física e psíquica, em função dos pontos e da idade da vítima, deve ser apresentada uma compensação a partir dos valores indicados no *Anexo IV*;

c) Relativamente ao período entre a data do acidente e a data da fixação da incapacidade, a proposta deve ponderar as perdas salariais efectivas fiscalmente documentáveis;

d) Devem ainda ser ponderadas as despesas comprovadamente suportadas pelo lesado em consequência das lesões sofridas no acidente (despesas médicas e medicamentosas, refeições, estadas e transportes, desde que sejam apresentados os respectivos comprovativos originais);

e) A proposta conterá também quantitativos relacionados com a eventual ajuda de terceira pessoa, com a adaptação de veículo ou com a adaptação da casa, tendo como referenciais os que constam do *Anexo V*;

f) Quanto aos danos morais complementares, de acordo com o *Anexo I*, serão ponderadas as seguintes situações:

– por cada dia de internamento, entre € 20,00 e € 30,00;

– relativamente ao dano estético que seja classificado entre 1 ponto e 7 pontos, quantias entre € 800,00 e € 10.000,00;

– relativamente ao *quantum doloris* classificado entre os 4 e os 7 pontos da escala, quantias entre € 800,00 e € 5.200,00 (não sendo considerado o *quantum doloris* respeitante aos pontos 1, 2 e 3 da escala);

– o grau de repercussão das lesões na vida laboral.

125. O que acontece se a proposta não for aceite total ou parcialmente?

Tal como a própria designação o indica, a proposta apresentada não tem que ser obrigatoriamente aceite pelo lesado.

Se discordar dos valores apresentados pela seguradora e se não for possível, por outra via, chegar a um acordo, o lesado tem sempre a possibilidade de interpor acção judicial com o objectivo de a obter a indemnização por responsabilidade civil que considere ajustada ao caso concreto.

Nessa acção, o lesado terá de invocar os factos relacionados com o acidente e com os danos, concluindo pela indicação do pedido de indemnização que considere ajustado, a que se seguirá a audição da seguradora para efeitos de apresentar a sua contestação. Só depois o tribunal decidirá conforme as provas que forem apresentadas, os factos que forem considerados provados e as normas legais que forem aplicáveis ao caso concreto.

Estabelecido o confronto entre a indemnização que o tribunal fixar e a indemnização que tiver sido proposta pela seguradora, se se verificar que esta era manifestamente insuficiente, a seguradora será obrigada a pagar juros em dobro que incidirão sobre a quantia correspondente à diferença entre os referidos montantes (art. 38.º LSO).

CONTENCIOSO DOS ACIDENTES DE VIAÇÃO

O sistema de determinação da responsabilidade e de quantificação dos danos para efeitos de regularização do acidente não é vinculativo para nenhuma das partes. Em caso de desacordo, o lesado tem o direito de interpor acção de condenação, reclamando a quantia que considera ajustada.

O sistema de determinação das responsabilidades e de determinação e quantificação dos danos para efeitos de regularização amigável visa apenas acelerar o processo de atribuição de indemnizações, sem que se sobreponha de modo algum àquilo que o lesado entenda ser-lhe devido.

Todavia, para além da maior morosidade inerente a um processo contencioso e dos custos de um tal processo, designadamente com pagamento de honorários de advogado, taxas de justiça e outras despesas, existe ainda o risco, que nunca deve ser esquecido, de não se provarem os factos que o lesado invoca, quer a respeito da responsabilidade pelo acidente, quer da determinação e quantificação dos danos.

Trata-se, pois, de uma realidade que deve ser ponderada pelo lesado na ocasião em que se confronta com uma proposta razoável que lhe seja apresentada pela seguradora.

Importa ainda considerar que a apresentação de pedidos de indemnização em qualquer das entidades com competência para a sua apreciação (tribunais arbitrais, julgados de paz ou tribunais judiciais) está sujeita a um prazo de prescrição que, em regra, está fixado em 3 anos, a contar da data em que ocorreu o acidente, prazo esse que pode ser mais longo

Contencioso dos Acidentes de Viação

quando simultaneamente o acidente integre a prática de um crime (p. ex. homicídio involuntário ou ofensas corporais – art. 498.º CC).

Significa isso que se o lesado deixar passar o prazo de prescrição o seu direito não poderá ser reconhecido.

I – Tribunais arbitrais

126. O que é a arbitragem?

A arbitragem constitui um meio alternativo de resolução de litígios, permitindo que, em situações de persistência de um conflito, os interessados possam obter uma decisão com valor idêntico ao de uma sentença judicial.

127. É possível recorrer à arbitragem em matéria de acidentes de viação?

Sim. O Ministério da Justiça, o Instituto do Consumidor e a Associação Portuguesa de Seguradores instituíram o CIMASA, sigla que significa Centro de Informação, Mediação e Arbitragem de Seguros Automóveis, criado para resolver, de forma rápida, simples e económica, litígios resultantes de acidentes de viação.

Assim, quando os interessados não cheguem a um acordo no que respeita à definição da responsabilidade por acidentes de viação ou ao montante das indemnizações a atribuir, podem recorrer ao CIMASA.

Podem ser obtidas informações através de *www.cimasa.pt*.

128. Em que casos se pode recorrer ao CIMASA?

Apenas quando se verifiquem os seguintes requisitos cumulativos:

a) O acidente não tenha envolvido mais do que três veículos;

b) Não tenham resultado feridos;

c) O acidente tenha sido participado à seguradora;

d) Não tenham decorrido mais de seis meses depois da última posição escrita assumida pela seguradora.

129. Como funciona o processo?

A resolução dos litígios pode decorrer em três fases: Informação e Mediação, Conciliação e Arbitragem.

Num processo bastante mais simples e menos burocrático, os interessados poderão alegar os factos e requerer os meios de prova. Se o processo não terminar por acordo, seguirá para julgamento, após o que é proferida sentença pelo juiz--árbitro.

130. Como pode recorrer-se ao CIMASA?

Basta apresentar a sua reclamação, preenchendo o formulário adequado, e enviá-lo com a documentação considerada importante para o respectivo endereço (na R. Rodrigo da Fonseca n.º 149, r/c dt.º, 1070-242, em Lisboa).

A referida reclamação também pode ser apresentada através da *Internet*, estando o respectivo formulário disponível para *download* em *www.cimasa.pt*.

131. É necessário efectuar algum pagamento?

Se as partes chegarem a um acordo até ao final da fase de conciliação ou, não querendo fazer acordo, desistirem do processo, não há lugar a qualquer pagamento.

Se as partes optarem por levar o processo para a arbitragem, pagarão uma taxa no valor de 3% do valor da causa, com um mínimo de € 50,00 e um máximo de € 500,00.

Contencioso dos Acidentes de Viação

132. É necessária a constituição de advogado?

A reclamação poderá ser apresentada sem necessidade de constituição de advogado. Esta apenas é obrigatória na fase de arbitragem em relação a processos em que seja reclamada quantia superior a € 5.000,00.

No entanto, se o interessado quiser, pode fazer-se representar por mandatário judicial.

133. Qual o valor de uma sentença arbitral?

A decisão proferida pelo Juiz-árbitro equivale a uma sentença de um tribunal comum.

II – Julgados de paz

134. O que são os julgados de paz?

São tribunais com características especiais, competentes para resolver causas de natureza cível de valor reduzido, entre as quais se encontram as acções de indemnização por acidente de viação cujo valor não exceda € 5.000,00.

O seu regime está regulado pela Lei n.º 78/01, de 13 de Julho.

Podem ser obtidas informações sobre os aspectos mais relevantes em *www.conselhodejulgadosdepaz.com.pt.*

135. Onde funcionam os julgados de paz?

Nem todo o território nacional está coberto por julgados de paz. Por outro lado, no que respeita aos acidentes de viação, a competência está limitada às acções que resultem de acidentes ocorridos na respectiva área de jurisdição.

Deste modo, é importante verificar se na área em que ocorreu o acidente está ou não está instalado algum julgado de paz a que possa recorrer-se para efeitos de apresentação da acção de indemnização por acidente de viação.

Contencioso dos Acidentes de Viação

136. Nos concelhos onde se encontre instalado julgado de paz a acção deve ser obrigatoriamente interposta nesse julgado?

Não. Apesar da polémica acerca da natureza obrigatória ou facultativa do recurso aos julgados de paz, é agora claro, em face de uma interpretação uniformizadora do Supremo Tribunal de Justiça, que o recurso a esses meios de resolução de conflitos é meramente facultativo, nada impedindo o interessado de recorrer aos tribunais judiciais.

137. Quais as diferenças entre os julgados de paz e os tribunais comuns?

Em termos do resultado final, não existe qualquer diferença. As decisões proferidas nos julgados de paz têm o mesmo valor que uma qualquer sentença judicial.

Já no que respeita à estrutura e ao funcionamento existem diferenças assinaláveis.

Quem exerce funções de Juiz de paz não é magistrado de carreira. Por seu lado, no que respeita aos critérios de decisão, os julgados de paz não estão sujeitos a critérios de estrita legalidade, sendo que, em acções que não ultrapassem o valor de € 2.500,00 podem decidir segundo juízos de equidade se as partes nisso acordarem.

Ao nível da tramitação dos processos, existe sempre uma fase de mediação, com intervenção de mediadores, tendo em vista proporcionar às partes a possibilidade de resolverem o litígio de forma consensual e com mais celeridade, evitando o julgamento e a sentença.

138. Quais as vantagens em recorrer aos julgados de paz?

Os procedimentos são orientados pelos princípios da simplicidade, adequação, informalidade, oralidade e economia processual, concorrendo, assim, para uma resolução mais rápida das questões.

Contencioso dos Acidentes de Viação

No que respeita aos custos, em lugar das custas normais, é devida uma taxa única de € 70,00 que é da responsabilidade da parte vencida ou é repartida entre ambas as partes na percentagem que for determinada pelo Juiz de paz, caso o processo termine por conciliação ou tal venha a resultar da sentença proferida. Se o processo for concluído por acordo alcançado através de mediação a referida taxa é reduzida para € 50,00.

139. Como se processa o tratamento dos pedidos de indemnização nos julgados de paz?

a) Tanto o requerimento inicial como a contestação podem ser apresentados verbalmente ou por escrito;

b) Não é necessária a constituição de advogado, a não ser em caso de eventual interposição de recurso. Porém, nada impede que a parte constitua advogado;

c) Efectuada a mediação, se a mesma resultar, é assinado o acordo de mediação, pondo fim ao processo. Se não resultar, segue-se a fase de julgamento, com produção das provas, a que se segue a sentença com o mesmo valor da sentença proferida em tribunal de 1ª instância;

d) Quando a acção tenha valor superior a € 2.500,00, as partes podem interpor recurso para o tribunal da comarca que for territorialmente competente, sendo então necessária a constituição de advogado.

III – Acção judicial

140. Em que casos os tribunais podem ser chamados a decidir em matéria de acidentes de viação?

São diversas as circunstâncias em que os tribunais podem ser chamados a decidir questões relacionadas com acidentes de viação.

Desde logo, quando, em matéria de contra-ordenações, o condutor apresentar recurso da decisão da autoridade admi-

Contencioso dos Acidentes de Viação

nistrativa que tiver aplicado uma *coima* e/ou a medida de inibição de conduzir.

Em segundo lugar, quando existir procedimento criminal, isto é, quando do acidente tenha resultado a prática de algum crime (p. ex. homicídio involuntário, ofensas corporais ou condução perigosa) que, em certos casos, está dependente da apresentação de participação por parte do lesado. Em tais processos de natureza criminal os lesados podem também apresentar pedidos de indemnização contra os responsáveis.

Por fim, os tribunais será chamados a decidir sempre que, tendo havido danos corporais ou materiais, as partes interessadas (p. ex. o lesado e a seguradora do outro veículo) não tenham chegado a acordo quanto à atribuição ou distribuição da responsabilidade pelo acidente, podendo o lesado interpor a acção de responsabilidade civil com o objectivo de obter a condenação do responsável na reparação dos danos ou no pagamento de uma indemnização.

A apreciação das acções de indemnização é uma atribuição dos tribunais judiciais, mais concretamente do tribunal da área em que ocorreu o acidente de viação.

141. Em caso de desacordo é sempre necessário recorrer aos tribunais?

Não. Já anteriormente se referiu que existem outros meios alternativos de composição de litígios a que os interessados podem recorrer: os tribunais arbitrais e, nos locais onde estiverem instalados, os julgados de paz.

No entanto, a competência dos julgados de paz está limitada a acções de indemnização cujo valor não ultrapasse € 5.000,00. (*questão n.º 134*)

Por outro lado, o tribunal arbitral (CIMASA) também tem a sua competência condicionada por diversos factores. (*questão n.º 128*).

De todo o modo, mesmo nos casos em que sejam competentes, nenhum destes meios é obrigatório, podendo o lesado recorrer aos tribunais comuns para fazer valer os direitos que invoca.

142. Quais as diferenças essenciais entre o recurso aos tribunais e a outros meios de composição de litígios?

Pela sua própria natureza, tanto o processo arbitral como os procedimentos que regulam a actuação dos julgados de paz são mais simples e tendencialmente mais rápidos.

Para além do facto de existir uma fase de mediação através da qual se procura evitar a continuação do litígio e obter um acordo (que também pode ser obtido em qualquer momento nos tribunais judiciais), tais procedimentos são mais simplificados e, consequentemente, permitem a obtenção de solução mais rápida.

No entanto, a apreciação dos pedidos formulados perante os tribunais judiciais é feita por juízes de carreira.

Além disso, a competência dos julgados de paz ou dos tribunais arbitrais está limitada aos casos referidos, ao passo que os tribunais judiciais podem intervir em qualquer acção, independentemente do valor dos pedidos apresentados ou da natureza dos danos que foram causados.

Importa ainda referir que os tribunais judiciais estão espalhados por todo o território nacional, organizados em função de comarcas.

143. Que tipo de acção pode ser instaurada pelo lesado que pretenda obter a reparação ou a indemnização?

Quando esteja unicamente em causa a responsabilidade civil, a acção apropriada é a acção declarativa de condenação na qual o interessado indica os factos relevantes relacionados com a ocorrência do acidente e com os danos que o mesmo provocou, terminando com um pedido de indemnização.

Mas quando tenha sido instaurado procedimento criminal, para apurar da existência de algum crime, o lesado tem o direito de apresentar no mesmo processo-crime o pedido de indemnização relativo aos danos que tiver sofrido, o qual será apreciado conjuntamente com a questão criminal.

144. É necessário constituir advogado para instaurar acção de indemnização?

A constituição de advogado apenas é obrigatória nos casos em que o valor do processo, determinado em função do valor do pedido de indemnização, exceder € 5.000,00. Se não exceder € 5.000,00, a constituição de advogado apenas será obrigatória para efeitos de interposição de recurso para os tribunais superiores (Tribunal da Relação e Supremo Tribunal de Justiça).

No entanto, as especificidades de qualquer processo judicial aconselham a que se constitua sempre advogado que, com mais rigor, poderá defender perante o tribunal os interesses em causa, quer em relação ao autor demandante, quer em relação ao réu demandado.

145. Existe alguma possibilidade de obter a nomeação oficiosa de patrono?

A nomeação oficiosa de patrono, assim como outras vertentes do apoio judiciário ligadas ao pagamento de taxas de justiça e de custas, constitui um direito que a lei reserva para os casos de insuficiência económica.

A situação deve ser apurada no âmbito de processo administrativo da competência dos organismos da Segurança Social.

146. Contra quem deve ser interposta a acção de indemnização por acidente de viação?

Importa distinguir diversas situações:

a) Existindo seguro de responsabilidade civil válido e eficaz, se o pedido não ultrapassar o montante do capital do seguro obrigatório, a acção deve ser interposta unicamente contra a seguradora do veículo responsável;

b) Já se o pedido apresentado exceder o capital do seguro obrigatório, devem ser também demandados as pessoas civilmente responsáveis, designadamente o proprietário e o condutor do veículo (art. 64.º LSO);

c) Se não existir seguro válido e eficaz, sendo conhecida a identidade dos responsáveis, o proprietário e o condutor do veículo responsável devem ser demandados conjuntamente com o Fundo de Garantia Automóvel;

d) Mas se for desconhecida a identidade dos responsáveis, a acção deve ser dirigida unicamente contra o FGA (art. 62.º LSO). (*ver questão n.º 53*)

147. No processo judicial instaurado contra a seguradora podem ser chamados a intervir outros responsáveis?

Quando a seguradora o entender, pode requerer a intervenção do *tomador do seguro* (em regra, o *segurado*), nomeadamente para obter uma melhor clarificação do modo como ocorreu o acidente.

Além disso, pode ser requerida a intervenção de outros responsáveis, designadamente do condutor que tenha dado causa ao acidente e conduzir com excesso de álcool ou acusar consumo de estupefacientes, do condutor não legalmente habilitado a conduzir, do condutor que tenha abandonado o sinistrado ou do responsável pela apresentação do veículo a inspecção periódica, nos casos em que o acidente tenha sido provocado ou agravado pelo mau funcionamento do veículo.

Nestes casos e noutros que a lei prevê, a referida intervenção terá como objectivo possibilitar à seguradora o posterior reembolso das quantias que tiver de pagar em consequência do acidente.

148. Quais são os trâmites principais do processo judicial?

No que respeita exclusivamente à acção de responsabilidade civil por acidente de viação, os trâmites envolvem a apresentação da petição inicial, onde o interessado alega os factos relativos ao acidente e aos danos e formula o pedido de condenação. Segue-se a citação do demandado (p. ex. da seguradora do

Contencioso dos Acidentes de Viação

outro veículo) que pode apresentar contestação, com apresentação da sua versão do acidente ou dos danos.

Apresentadas as provas e efectuadas as diligências que eventualmente sejam solicitadas a outras entidades (por ex. perícias ao veículo, exames médicos), realiza-se a audiência de julgamento, designadamente com audição das testemunhas apresentadas, após o que o tribunal profere sentença de condenação ou de absolvição total ou parcial do pedido.

149. Que meios de prova são mais relevantes?

A relevância das provas depende das circunstâncias que rodearam o acidente e dos danos que foram causados.

Se ambos os condutores tiverem subscrito a Declaração Amigável de Acidente Automóvel, a prova dos factos relacionados com o acidente pode estar facilitada em função da posição consensual que nela tiver sido exarada, na medida em que a lei parte do pressuposto de que é verdadeira a declaração no que respeita às circunstâncias e consequências do acidente de viação (por *presunção* legal), sem prejuízo de a seguradora demonstrar o contrário (art. 35.º LSO).

Se tal não tiver ocorrido ou se os intervenientes não estiverem de acordo quanto à responsabilidade pela ocorrência do acidente, tornar-se-á, em regra, necessária ou conveniente a apresentação de provas, designadamente de prova testemunhal, documental ou pericial, sem prejuízo do relevo que possa ser atribuído ao auto de notícia que tiver sido porventura elaborado pela autoridade policial que tenha comparecido no local.

No que respeita aos danos, mais do que a prova testemunhal, serão importantes provas de outro género, consoante a sua natureza.

Para os danos físicos, serão essenciais os documentos clínicos ou as perícias médicas realizadas antes ou durante a pendência da acção.

Para os *danos materiais*, designadamente para os provocados na viatura, serão importantes os dados recolhidos através de

Contencioso dos Acidentes de Viação

peritagens que tiverem sido realizadas, sem prejuízo do relevo que possa ser atribuído a outros elementos, tais como as fotografias ou orçamentos efectuados por oficinas de reparação.

No que concerne à prova dos rendimentos que o lesado auferia, faz-se notar mais uma vez, a importância crucial que a lei agora atribui às declarações apresentadas para efeitos fiscais (actual redacção do art. 46.º LSO).

Será sempre conveniente manter os documentos comprovativos de despesas efectuadas por causa do acidente de viação.

150. Se a parte discordar da sentença pode recorrer?

Em matéria de acidentes de viação não se verifica qualquer especialidade relativamente à generalidade das acções.

A possibilidade de interposição de recursos do Tribunal de 1ª instância (*vulgo*, Tribunal de Comarca) para o Tribunal da Relação ou deste para o Supremo Tribunal de Justiça depende de dois factores essenciais: valor da acção e valor da divergência entre a sentença e o pedido que foi apresentado.

Para o efeito, há que considerar que, com efeitos a partir de 1 de Janeiro de 2008, foi estabelecido que o valor até ao qual os Tribunais de 1ª instância decidem sem recurso é de € 5.000,00 (antes era de € 3.740,98) e que para os Tribunais da Relação esse valor foi fixado em € 30.000,00 (antes era de € 14.963,94).

Assim, reportando-nos apenas às acções entradas nos tribunais depois de 1 de Janeiro de 2008, as linhas essenciais são as seguintes:

a) Nas acções cujo valor seja inferior a € 5.000,00, em regra, não é possível interpor recurso da sentença; ou seja, os tribunais de 1ª instância decidem em termos definitivos;

b) Nas acções com valor superior a € 5.000,00 e inferior a € 30.000,00, a parte que discordar da sentença pode interpor recurso para o Tribunal da Relação, desde que a sua discordância seja superior a € 2.500,00; daqui resulta que não pode recorrer-se para o Supremo Tribunal de Justiça que, em regra, apenas intervém em acções com valor superior a € 30.000,00;

Contencioso dos Acidentes de Viação

c) Nas acções com valor superior a € 30.000,00, é possível recorrer do Tribunal da Relação para o Supremo Tribunal de Justiça, desde que a divergência em relação à decisão do Tribunal da Relação seja, pelo menos, de € 15.000,00;

d) Contudo, independentemente do valor da acção ou do valor da divergência, não poderá ser interposto recurso para o Supremo Tribunal de Justiça se o Tribunal da Relação (com intervenção de 3 Juízes Desembargadores) confirmar, sem voto de vencido, a decisão do Tribunal de 1ª instância;

e) Faz-se notar que a lei estabelece algumas excepções a estas regras. Por outro lado, em relação às acções que deram entrada nos tribunais até 31 de Dezembro de 2007, os valores e as referidas regras são diferentes.

APÊNDICE

Portaria n.º 377/2008, de 26 de Maio e Tabelas

A defesa dos interesses das vítimas dos acidentes de viação tem sido uma das prioridades do Governo.

Patente no Decreto-Lei n.º 83/2006, de 3 de Maio, que estabeleceu procedimentos obrigatórios de proposta razoável para a regularização do dano material, esta matéria foi mais recentemente reajustada, em vários aspectos, com a publicação do Decreto-Lei n.º 291/2007, de 21 de Agosto.

Este diploma, além de transpor para o nosso ordenamento jurídico a Quinta Directiva Automóvel – Directiva n.º 2005/14/ /CE, do Parlamento Europeu e do Conselho, de 11 de Maio –, regulou inovadoramente, por iniciativa do legislador nacional, diversos domínios da regularização de sinistros rodoviários, sobretudo no que respeita ao dano corporal.

O regime relativo aos prazos e as regras de proposta razoável, agora também aplicáveis ao dano corporal, exige o apoio de normativos específicos que evidenciem, com objectividade, a transparência e justiça do modelo no seu conjunto e sejam aptos a facilitar a tarefa de quem está obrigado a reparar o dano e sujeito a penalizações, aliás significativas, pelo incumprimento de prazos ou quando for declarada judicialmente a falta de razoabilidade na proposta indemnizatória.

Daí ter sido prevista a publicação de portaria dos Ministros das Finanças e da Justiça, sob proposta do Instituto de Seguros de Portugal, que aprovasse critérios para os procedimentos de proposta razoável, em particular quanto à valorização do dano corporal.

Parte significativa das soluções adoptadas nesta portaria baseia-se em estudos sobre a sinistralidade automóvel do mercado segurador e do Fundo de Garantia Automóvel e na experiência partilhada por este e pelas seguradoras representadas pela Associação Portuguesa de Seguradores, no domínio da regularização de processos de sinistros.

Uma das alterações de maior impacte será a adopção do princípio de que só há lugar à indemnização por dano patrimonial futuro quando a situação incapacitante do lesado o impede de prosseguir a sua actividade profissional habitual ou qualquer outra.

No entanto, ainda que não tenha direito à indemnização por dano patrimonial futuro, em situação de incapacidade permanente parcial o lesado terá direito à indemnização pelo seu dano biológico, entendido este como ofensa à integridade física e psíquica.

A indemnização pelo dano biológico é calculada segundo a idade e o grau de desvalorização, apurado este pela Tabela Nacional para Avaliação de Incapacidades Permanentes em Direito Civil, aprovada pelo Decreto-Lei n.º 352/2007, de 23 de Outubro, e com referência inicial ao valor da RMMG (retribuição mínima mensal garantida).

Fica ainda garantido ao lesado, quando não lhe for atribuída qualquer incapacidade permanente, o direito à indemnização por dano moral decorrente de dano estético e ou do quantum doloris, que lhe sejam medicamente reconhecidos.

É também de destacar que o cálculo das indemnizações por prejuízo patrimonial, tanto emergente como futuro, passa a ter por base, para efeitos de proposta razoável, os rendimentos declarados à administração fiscal pelos lesados.

Por último, importa frisar que o objectivo da portaria não é a fixação definitiva de valores indemnizatórios mas, nos termos do n.º 3 do artigo 39.º do Decreto-Lei n.º 291/2007, de 21 de Agosto, o estabelecimento de um conjunto de regras e princípios que permita agilizar a apresentação de propostas razoáveis, possibilitando ainda que a autoridade de supervisão possa avaliar, com grande objectividade, a razoabilidade das propostas apresentadas.

Assim:

Ao abrigo do n.º 5 do artigo 39.º do Decreto-Lei n.º 291/ /2007, de 21 de Agosto, sob proposta do Instituto de Seguros de Portugal, manda o Governo, pelos Secretários de Estado do Tesouro e Finanças e Adjunto e da Justiça, o seguinte:

Apêndice

Artigo 1.º
Objecto da portaria

1 – Pela presente portaria fixam-se os critérios e valores orientadores para efeitos de apresentação aos lesados por acidente automóvel, de proposta razoável para indemnização do dano corporal, nos termos do disposto no capítulo III do título II do Decreto-Lei n.º 291/2007, de 21 de Agosto.

2 – As disposições constantes da presente portaria não afastam o direito à indemnização de outros danos, nos termos da lei, nem a fixação de valores superiores aos propostos.

Artigo 2.º
Danos indemnizáveis em caso de morte

São indemnizáveis, em caso de morte:

a) A violação do direito à vida e os danos morais dela decorrentes, nos termos do artigo 496.º do Código Civil;

b) Os danos patrimoniais futuros daqueles que, nos termos do Código Civil, podiam exigir alimentos à vítima, ou aqueles a quem esta os prestava no cumprimento de uma obrigação natural;

c) As perdas salariais da vítima decorrentes de incapacidade temporária havida entre a data do acidente e a data do óbito;

d) As despesas feitas para assistir e tratar a vítima bem como as de funeral, luto ou transladação, contra apresentação dos originais dos comprovativos.

Artigo 3.º
Danos indemnizáveis em caso de outros danos corporais

São indemnizáveis ao lesado, em caso de outro tipo de dano corporal:

a) Os danos patrimoniais futuros nas situações de incapacidade permanente absoluta, ou de incapacidade para a profissão habitual, ainda que possa haver reconversão profissional;

b) O dano pela ofensa à integridade física e psíquica (dano biológico), de que resulte ou não perda da capacidade de

103

Apêndice

ganho, determinado segundo a Tabela Nacional para Avaliação de Incapacidades Permanentes em Direito Civil;

c) As perdas salariais decorrentes de incapacidade temporária havida entre a data do acidente e a data da fixação da incapacidade;

d) As despesas comprovadamente suportadas pelo lesado em consequência das lesões sofridas no acidente.

ARTIGO 4.º
Danos morais complementares

Além dos direitos indemnizatórios previstos no artigo anterior, o lesado tem ainda direito a ser indemnizado por danos morais complementares, autonomamente, nos termos previstos no anexo I da presente portaria, nas seguintes situações:

a) Por cada dia de internamento hospitalar;

b) Pelo dano estético;

c) Pelo quantum doloris;

d) Quando resulte para o lesado uma incapacidade permanente absoluta para a prática de toda e qualquer profissão ou da sua profissão habitual;

e) Quando resulte para o lesado uma incapacidade permanente que lhe exija esforços acrescidos no desempenho da sua actividade profissional habitual;

f) Quando resulte uma incapacidade permanente absoluta para o lesado que, pela sua idade, ainda não tenha ingressado no mercado de trabalho e por isso não tenha direito à indemnização prevista na alínea a) do artigo anterior.

ARTIGO 5.º
Proposta razoável para danos não patrimoniais em caso de morte

Para efeitos de proposta razoável, as indemnizações pela violação do direito à vida, bem como as compensações devidas aos herdeiros da vítima, nos termos do Código Civil, a título de danos morais, e previstos na alínea a) do artigo 2.º, são calculadas nos termos previstos no quadro constante do anexo II da presente portaria.

Apêndice

Artigo 6.º
Proposta razoável para danos patrimoniais futuros em caso de morte

1 – A proposta razoável para a indemnização prevista na alínea b) do artigo 2.º obedece às seguintes regras e critérios:

a) O dano patrimonial futuro é calculado de acordo com as regras constantes do anexo III da presente portaria;

b) Para cálculo do tempo durante o qual a prestação se considera devida ao cônjuge sobrevivo ou a filho dependente por anomalia física ou psíquica, presume-se que a vítima se reformaria aos 70 anos de idade.

2 – Para efeitos de apuramento do rendimento mensal da vítima, são considerados os rendimentos líquidos auferidos à data do acidente fiscalmente comprovados.

3 – É considerada a retribuição mínima mensal garantida (RMMG) à data da ocorrência, relativamente a vítimas que não apresentem declaração de rendimentos, não tenham profissão certa ou cujos rendimentos sejam inferiores à RMMG.

4 – No caso de a vítima estar em idade laboral, ter profissão, mas encontrar-se numa situação de desemprego, é considerada a média dos últimos três anos de rendimentos líquidos declarados fiscalmente, majorada de acordo com a variação do índice de preços no consumidor (total nacional, excepto habitação), nos anos em que não houve rendimento, ou o montante mensal recebido a título de subsídio de desemprego, consoante o que for mais favorável ao beneficiário.

Artigo 7.º
Proposta razoável para danos patrimoniais futuros em caso de dano corporal

1 – A proposta razoável para a indemnização dos danos patrimoniais futuros nas situações de incapacidade permanente absoluta obedece às seguintes regras e critérios:

a) O dano patrimonial futuro é calculado de acordo com a fórmula constante do anexo III da presente portaria;

b) Para cálculo do tempo durante o qual a prestação se considera devida, presume-se que o lesado se reformaria aos 70 anos de idade;

Apêndice

c) Para apuramento do rendimento mensal do lesado, aplicam-se as regras e critérios constantes dos n.ºs 2 a 4 do artigo anterior.

2 – Nas situações em que se verifique incapacidade permanente absoluta para a prática da profissão habitual, sem possibilidade de reconversão para outras profissões dentro da sua área de formação técnico profissional, a proposta indemnizatória corresponde a dois terços do capital calculado nos modos previstos na alínea a) do n.º 1.

3 – Sem prejuízo do disposto no número seguinte, nas situações em que se verifique incapacidade permanente absoluta para a prática da profissão habitual, embora com possibilidade da reconversão prevista no número anterior, a proposta indemnizatória corresponde a quatro anos de rendimentos líquidos.

4 – Para os lesados com idade igual ou superior a 65 anos com incapacidade permanente absoluta para a prática da profissão habitual, ainda que tenham a possibilidade de se reconverterem profissionalmente, a proposta indemnizatória é calculada de acordo com o disposto no n.º 2.

Artigo 8.º
Proposta razoável para o dano biológico

A compensação prevista na alínea b) do artigo 3.º é calculada de acordo com o quadro constante do anexo IV da presente portaria.

Artigo 9.º
Acidentes simultaneamente de viação e de trabalho

1 – Sem prejuízo do disposto no artigo 51.º do Decreto-Lei n.º 291/2007, de 21 de Agosto, quanto ao Fundo de Garantia Automóvel, se o acidente que originou o direito à indemnização for simultaneamente de viação e de trabalho, o lesado pode optar entre a indemnização a título de acidente de trabalho ou a indemnização devida ao abrigo da responsabilidade civil automóvel, mantendo-se a actual complementaridade entre os dois regimes.

Apêndice

2 – Sendo o lesado indemnizado ao abrigo do regime específico de acidentes de trabalho, as indemnizações que se mostrem devidas a título de perdas salariais ou dano patrimonial futuro são sempre inacumuláveis.

3 – Nos casos em que não haja lugar à indemnização pelos danos previstos na alínea a) do artigo 3.º, é também inacumulável a indemnização por dano biológico com a indemnização por acidente de trabalho.

Artigo 10.º
Proposta razoável para danos patrimoniais emergentes

1 – A proposta razoável relativamente aos danos patrimoniais emergentes deve contemplar o pagamento integral dos rendimentos perdidos, decorrentes da incapacidade temporária do lesado e que sejam fiscalmente documentáveis, bem como das despesas médicas e medicamentosas, refeições, estadas e transportes, desde que sejam apresentados os originais dos respectivos comprovativos.

2 – Nos casos de auxílio de terceira pessoa, adaptação de veículo ou de residência, consideram-se como valores de referência os constantes do anexo v da presente portaria.

Artigo 11.º
Indemnização sob a forma de renda

A proposta razoável para ressarcimento dos danos a que se refere o artigo 7.º, em especial relativamente aos lesados com idade inferior a 25 anos e ou de incapacidades iguais ou superiores a 60 %, deve preferencialmente ser efectuada através do oferecimento de uma renda ou de um sistema misto de renda e capital que reserve para o pagamento em renda, salvo em situações especialmente fundamentadas, verba não inferior a dois terços da indemnização.

Artigo 12.º
Idades a considerar

Para todos os efeitos desta portaria, as idades a considerar, quer da vítima, quer dos beneficiários, reportam-se à data da ocorrência do acidente.

Artigo 13.º
Actualizações

Anualmente, até ao final do mês de Março, são revistos todos os critérios e valores constantes na presente portaria, sendo os valores automaticamente actualizados de acordo com o índice de preços no consumidor (total nacional, excepto habitação).

Artigo 14.º
Entrada em vigor

A presente portaria entra em vigor no dia imediato ao da sua publicação.

Em 29 de Abril de 2008.

O Secretário de Estado do Tesouro e Finanças, *Carlos Manuel Costa Pina*. – O Secretário de Estado Adjunto e da Justiça, *José Manuel Vieira Conde Rodrigues.*

Apêndice

ANEXO I
Compensações devidas por danos morais complementares

Internamento:
Por dia de internamento – € 20 a € 30.

Dano estético	Até (euros)
1 ponto	800
2 pontos	1 600
3 pontos	2 400
4 pontos	4 000
5 pontos	5 600
6 pontos	7 250
7 pontos	10 000

Quantum doloris	Até (euros)
4 pontos ([1])	800
5 pontos	1 600
6 pontos	3 200
7 pontos	5 200

([1]) Até 3 pontos, sem indemnização.

Repercussão na vida laboral ...	30 anos	31-45 anos	46-60 anos	61-70 anos
> 10P E ≤ 35P	Até €25 000	Até €20 000	Até €15 000	Até €10 000
> 35P E ≤ 70P.	Até €62 500	Até €50 000	Até €37 500	Até €25 000
> 70P	Até €100 000	Até €80 000	Até €60 000	Até €40 000

IPA:
Jovem que não iniciou vida laboral – até € 150 000.

Apêndice

ANEXO II
Compensações devidas em caso de morte e a título de danos morais aos herdeiros

TABELA A

DANOS MORAIS HERDEIROS (A)

Grupo I - Cônjuge e Filhos e/ou Outros Descendentes	Até
• Ao cônjuge com 25 ou mais anos de casamento	25.000 €
• Ao cônjuge com menos de 25 anos de casamento	20.000 €
• A cada filho com idade menor ou igual a 25 anos	15.000 €
• A cada filho maior de 25 anos	10.000 €
• A cada neto ou outros Descendentes (3) (5)	5.000 €

Grupo II - Só Filhos e/ou Outros Descendentes	Até
• Filho com idade menor ou igual a 25 anos	15.000 €
• A cada filho maior de 25 anos	10.000 €
• A cada neto ou outros Descendentes (3) (5)	5.000 €

Grupo III - Só Pais ou Outros Descendentes/Colaterais	Até
a) Pais	
A cada pai por filho com idade menor ou igual a 25 anos	15.000 €
A cada pai por filho maior de 25 anos	10.000 €
b) Sem pais e com avós	
A cada um dos avós (4)	7.500 €
c) Sem pais e avós e com outros ascendentes/colaterais	
A cada outro ascendente/colateral (4)	2.500 €

Grupo IV - Só Irmãos e/ou Sobrinhos que os representem	Até
• Irmão	7.500 €
• A cada sobrinho que represente irmãos falecidos	2.500 €

NOTAS
(1) Com carácter geral
    a) Cada grupo exclui os seguintes.
    b) Quando se trata de filhos, incluem-se também os adoptivos.
    c) As idades referidas no quadro, quer relativas à vítima, quer aos prejudicados/ /beneficiários da indemnização são as reportadas à data do acidente.
(2) Cônjuge não separado judicialmente de pessoas e bens ou de facto.
    A união de facto legalmente reconhecida é equiparada ao casamento.
(3) Apenas terão direito a esta indemnização se o Ascendente representado faleceu ou tiver já falecido à data do sinistro. Se o Ascendente falecer posteriormente ao acidente, seguem-se as regras da sucessão.
(4) Os netos serão equiparados a filhos se avós são substitutos dos pais (tutores).
(5) Os avós serão equiparados a pais se substitutos dos pais (tutores).

Apêndice

MAJORAÇÕES(A) (1)	Até
Perda de filho único	25%
Perda de filho único com idade da mãe >= 40 anos	50%
Perda demais do que um filho no mesmo acidente	50%
Perda de todos os filhos no mesmo acidente	100%
Por coabitação de filhos maiores de 25 anos, irmãos com idade menor ou igual a 25 anos e netos	25%
Filhos com idade menor ou igual a 18 anos que fiquem órfãos do segundo progenitor	100%
Filhos com idade menor ou igual a 18 anos que fiquem órfãos dos dois pais no mesmo acidente	150%
Filhos com idade menor ou igual a 25 anos que fiquem órfãos do segundo progenitor	50%
Filhos com idade menor ou igual a 25 anos que fiquem órfãos dos dois pais no mesmo acidente	75%
Filhos maiores de 25 anos que fiquem órfãos do segundo progenitor	25%
Filhos maiores de 25 anos que fiquem órfãos dos dois pais no mesmo acidente	40%
Dependência decorrente de diminuição física ou psíquica do beneciário (2)	
a) Se for cônjuge ou filho menor de 25 anos	75%
b) Se for filho maior de 25 anos	50%
c) Qualquer outro beneficiário	25%

(1) Caso existam situações de sobreposição, deve aplicar-se a majoração mais favorável ao lesado.

(2) Dependência clinicamente comprovada e anterior à data do acidente, desde que decorrente de IPP $\geq 60\%$

Apêndice

TABELA B

Dano moral por perda de feto (B)

Tempo de gravidez	Número de filhos	
	1.º filho	2.º filho ou posterior
Até às 10 semanas de gravidez, para ambos os pais dividido em partes iguais	Até € 7 500	Até € 2 500
A partir da 10.ª semana de gravidez, para ambos os pais dividido em partes iguais.	Até € 12 500	Até € 7 500

Majorações (B)	Até
Perda de feto (1.º filho) com idade da mãe ≥ 40 anos, apenas para a mãe sobreviva	50%

TABELA C

Direito à vida (C)

	Idade da vítima			
	Até 25 anos	Entre 25 e 49 anos	Entre 50 e 75 anos	Mais de 75 anos
Aos herdeiros, dividido em partes iguais	Até € 60 000	Até € 50 000	Até € 40 000	Até € 30 000

TABELA D

Dano moral da própria vítima (D)

	Tempo de sobrevivência		
	Até 24 horas	Até 72 horas	Mais do que 72 horas
Aos herdeiros, dividido em partes iguais	Até € 2 000	Até € 4 000	Até € 7 000

Nota – 72 horas é considerado clinicamente o período crítico de sobrevivência.

Majorações (D)	Até
Qualquer do valores poderá ser alvo de majoração em função do nível de sofrimento e antevisão da morte	50%

Apêndice

ANEXO III
Método de cálculo do dano patrimonial futuro

1 – Fórmula de cálculo:

$$DPF = \{[(1 - ((1 + k)/(1 + r))^n)/(r-k)] \times (1+r)\} \times p$$

sendo:

p = prestações (rendimentos anuais);
r (taxa juro nominal líquida das aplicações financeiras) = 5%;
k (taxa anual de crescimento da prestação) = 2%.

PRAZO	FACTOR	PRAZO	FACTOR	PRAZO	FACTOR	PRAZO	FACTOR
1	1	16	12,988887	31	20,750320	46	25,774961
2	1,971429	17	13,617776	32	21,157454	47	26,038534
3	2,915102	18	14,228696	33	21,552955	48	26,294576
4	3,831813	19	14,822162	34	21,937157	49	26,543302
5	4,722333	20	15,398672	35	22,310381	50	26,784922
6	5,587409	21	15,958710	36	22,672941	51	27,019639
7	6,427769	22	16,502747	37	23,025143	52	27,247649
8	7,244118	23	17,031240	38	23,367282	53	27,469145
9	8,037144	24	17,544633	39	23,699645	54	27,684312
10	8,807511	25	18,043358	40	24,022512	55	27,893332
11	9,555868	26	18,527833	41	24,336155	56	28,096379
12	10,282843	27	18,998466	42	24,640836	57	28,293626
13	10,989047	28	19,455653	43	24,936812	58	28,485236
14	11,675075	29	19,899777	44	25,224332	59	28,671373
15	12,341501	30	20,331212	45	25,503637	60	28,852190

2 – Deduções (artigo 6.º da portaria) ([1]):

Percentagens de abatimento aos rendimentos a título dos gastos que a vítima suportaria consigo própria:

Vítima, sem filhos e cônjuge sobrevivo que trabalha e possui rendimento superior ao da vítima – 75%;

Vítima, sem filhos e cônjuge sobrevivo que trabalha e possui rendimento inferior ao da vítima – 65%;

Vítima, sem filhos, no qual o cônjuge sobrevivo não trabalha – 40%;

Vítima, com filhos, de idade menor ou igual a 18 anos ou com anomalia física ou psíquica ([2]) – 20%;

Vítima, com filhos, de idade compreendida entre os 18 e os 25 anos – 30%;

Vítima, com filhos, de idade superior a 25 anos – 40%;

Vítima não referida nas situações anteriores que contribua para a economia familiar ([3]) – 80%.

([1]) Caso existam situações de sobreposição deve aplicar-se a percentagem de abatimento mais favorável ao lesado.
([2]) Dependência clinicamente comprovada e anterior à data do acidente.
([3]) Salvo prova em contrário.

ANEXO IV
Compensação devida pela violação do direito à integridade física e psíquica – Dano biológico

Pontos	Idade											
	20 ou menos	21 a 25	26 a 30	31 a 35	36 a 40	41 a 45	46 a 50	51 a 55	56 a 60	61 a 65	66 a 69	70 ou mais
1 a 5	De 865 a 1040	De 830 a 1015	De 790 a 975	De 745 a 925	De 690 a 870	De 630 a 805	De 560 a 730	De 480 a 645	De 385 a 545	De 275 a 430	De 175 a 295	De 145 a 175
6 a 10	De 1070 a 1245	De 1030 a 1220	De 980 a 1170	De 920 a 1110	De 855 a 1045	De 780 a 965	De 690 a 875	De 590 a 770	De 475 a 650	De 340 a 515	De 215 a 355	De 180 a 210
11 a 15	De 1370 a 1390	De 1315 a 1360	De 1250 a 1305	De 1180 a 1240	De 1095 a 1165	De 1000 a 1075	De 885 a 975	De 755 a 860	De 605 a 730	De 430 a 575	De 275 a 395	230
16 a 20	De 1465 a 1485	De 1405 a 1455	De 1340 a 1395	De 1260 a 1325	De 1170 a 1245	De 1065 a 1150	De 945 a 1045	De 810 a 920	De 650 a 780	De 460 a 615	De 295 a 420	250
21 a 25	De 1525 a 1500	De 1465 a 1515	De 1395 a 1455	De 1315 a 1380	De 1220 a 1295	De 1115 a 1200	De 985 a 1090	De 845 a 960	De 675 a 810	De 480 a 640	De 305 a 440	260
26 a 30	De 1590 a 1610	De 1525 a 1580	De 1455 a 1515	De 1370 a 1435	De 1270 a 1350	De 1160 a 1250	De 1030 a 1170	De 875 a 1000	De 705 a 845	De 500 a 665	De 320 a 460	270
31 a 35	De 1635 a 1660	De 1570 a 1625	De 1495 a 1555	De 1410 a 1480	De 1310 a 1390	De 1195 a 1285	De 1060 a 1170	De 905 a 1030	De 725 a 870	De 515 a 685	De 330 a 470	275
36 a 40	De 1700 a 1725	De 1630 a 1685	De 1555 a 1615	De 1465 a 1535	De 1360 a 1445	De 1240 a 1335	De 1100 a 1215	De 940 a 1070	De 750 a 905	De 535 a 710	De 340 a 490	290
41 a 45	De 1745 a 1770	De 1675 a 1735	De 1595 a 1660	De 1505 a 1580	De 1395 a 1485	De 1275 a 1375	De 1130 a 1245	De 965 a 1100	De 775 a 930	De 550 a 730	De 350 a 505	295
46 a 50	De 1795 a 1820	De 1725 a 1780	De 1640 a 1705	De 1545 a 1620	de 1435 a 1525	De 1310 a 1410	De 1160 a 1280	De 990 a 1130	De 795 a 955	De 565 a 750	De 360 a 515	305
51 a 55	De 1825 a 1850	De 1755 a 1810	De 1670 a 1735	De 1570 a 1650	de 1460 a 1550	De 1330 a 1435	De 1180 a 1300	De 1010 a 1150	De 810 a 970	De 575 a 765	De 365 a 525	310
56 a 60	De 1875 a 1900	De 1800 a 1860	De 1710 a 1780	De 1615 a 1695	De 1500 a 1590	De 1365 a 1475	De 1210 a 1335	De 1035 a 1180	De 830 a 995	De 590 a 785	De 375 a 540	315
61 a 65	De 1920 a 1950	De 1845 a 1905	De 1755 a 1825	De 1655 a 1735	De 1535 a 1630	De 1400 a 1510	De 1240 a 1370	De 1060 a 1210	De 850 a 1020	De 605 a 805	De 385 a 555	325
66 a 70	De 1965 a 1995	De 1890 a 1950	De 1800 a 1870	De 1695 a 1780	De 1575 a 1670	De 1435 a 1545	De 1275 a 1405	De 1085 a 1235	De 870 a 1045	De 620 a 825	De 395 a 565	335
71 a 75	De 2000 a 2025	De 1920 a 1985	De 1825 a 1900	De 1720 a 1805	De 1600 a 1700	De 1455 a 1570	De 1295 a 1425	De 1105 a 1255	De 885 a 1060	De 630 a 835	De 400 a 575	340
76 a 80	De 2045 a 2075	De 1965 a 2030	De 1870 a 1945	De 1760 a 1850	De 1635 a 1740	De 1490 a 1610	De 1325 a 1460	De 1130 a 1285	De 905 a 1085	De 645 a 855	De 410 a 590	345
81 a 85	De 2095 a 2125	De 2010 a 2075	De 1915 a 1990	De 1805 a 1895	De 1675 a 1780	De 1525 a 1645	De 1355 a 1495	De 1155 a 1315	De 925 a 1110	De 660 a 875	De 420 a 605	355
86 a 90	De 2125 a 2155	De 2040 a 2110	De 1945 a 2020	De 1830 a 1920	De 1700 a 1805	De 1550 a 1670	De 1375 a 1515	De 1175 a 1335	De 940 a 1130	De 670 a 890	De 425 a 610	360
91 a 99	De 2235 a 2265	De 2145 a 2220	De 2045 a 2125	De 1925 a 2020	de 1785 a 1900	De 1630 a 1760	De 1445 a 1595	De 1235 a 1405	De 990 a 1190	De 705 a 935	De 450 a 645	380
100	De 2250 a 2285	De 2160 a 2235	De 2060 a 2140	De 1940 a 2035	De 1800 a 1910	De 1640 a 1770	De 1455 a 1605	De 1240 a 1415	De 995 a 1195	De 710 a 940	De 450 a 650	380

(¹) Ponto determinado com base no RMMG 2007.
(²) Valores em EUR, definidos por ponto.
(³) Deverão considerar-se os pontos mínimos e máximos do intervalo em função da proximidade do caso concreto aos limites para os quais cada intervalo foi construído: i) o limite máximo corresponde à menor idade e à maior pontuação; ii) o limite mínimo corresponde à maior idade e à menor pontuação.

Apêndice

ANEXO V
Tabela indicativa de valores para proposta razoável em caso de despesas incorridas e rendimentos perdidos por incapacidade

1 – Rendimentos perdidos por incapacidade temporária absoluta
(ITA) – todos os comprovados e declarados fiscalmente, determinados com a seguinte fórmula, excepto se a produção de rendimentos tiver diferente período temporal:

Rendimentos perdidos = rendimento anual/365 x número de dias ITA

2 – Despesas emergentes:
Refeições, estadas, transportes ou outras despesas emergentes – comprovadas ([1]):
Médicas, medicamentosas e assistência – comprovadas ([1]);
Ajuda doméstica temporária – até € 6;
Adaptação de veículo – até € 7500;
Adaptação de casa – até € 30 000.

3 – Despesas futuras:
Médicas, medicamentosas e assistência, desde que clinicamente previsíveis – valor actual ([2]).

([1]) São apenas aceites facturas originais, não sendo admissíveis segundas vias.

([2]) Determinação do valor actual com a fórmula de cálculo do dano patrimonial futuro.

LEGISLAÇÃO PRINCIPAL

Código Civil (contém as regras gerais sobre responsabilidade civil, culpa, risco, indemnizações, danos, etc.)

Código Penal (estabelece a previsão dos casos em que o comportamento corresponde à prática de um crime)

Código da Estrada (aprovado pelo Dec. Lei n.º 114/1994, de 3 de Maio, e alterado e republicado pelo Dec. Lei n.º 44/ /2005, de 23 de Fevereiro)

Lei do Álcool (Regulamento de Fiscalização da Condução sob Influência do Álcool ou de Substâncias Psicotrópicas, aprovado pela Lei n.º 17/2007, de 17 de Maio)

Lei do Seguro Obrigatório de Responsabilidade Civil Automóvel (Dec. Lei n.º 291/07, de 21 de Agosto, cujo art. 64.º foi recentemente alterado pelo Dec. Lei n.º 153/08, de 6 de Agosto, em conjugação com a Portaria n.º 377/08, de 26 de Maio, sobre a apresentação de proposta razoável de indemnização pela seguradora, em *Apêndice*)

Regime do pagamento de prémios de seguro (Dec. Lei n.º 142/00, de 15 de Julho, o qual é substituído, a partir de 1 de Janeiro de 2009, pelo Dec. Lei n.º 72/08, de 16 de Abril, que aprovou o regime jurídico do contrato de seguro)

Direitos dos utentes das auto-estradas concessionadas, itinerários principais e itinerários complementares (Lei n.º 24/07, de 18 de Julho, em conjugação com o Dec. Regulamentar n.º 12/08, de 9 de Junho)

LÉXICO

Exclusivamente para mais fácil compreensão do guia dos acidentes de viação

Slimentos: aquilo que é indispensável ao sustento, habitação ou vestuário de uma pessoa; em relação a menores, abarca também as despesas com a instrução e a educação

Causalidade adequada: relação entre o acidente e os danos que ocorreram, de modo que se possa afirmar que estes foram provocados pelo acidente

Coima: quantia em dinheiro devida pela prática de infracção (designadamente às regras de circulação) que a lei não qualifica como crime

Contra-ordenações: infracções a regras de conduta (designadamente de circulação) que a lei não qualifica como crime, aplicáveis por autoridades administrativas; em relação às contra-ordenações ligadas ao Código da Estrada, a competência pertence actualmente à Autoridade Nacional de Segurança Rodoviária que sucedeu à Direcção Geral de Viação

Culpa efectiva: atribuição de responsabilidade em face da prova de factos que consistem na acção ou omissão de dever de cuidado, designadamente os previstos relativamente a normas de circulação rodoviária; pode assumir a forma intencional (dolo) ou negligente (por leviandade, imprudência, imprevidência, desconsideração)

Culpa presumida: ilações que a lei ou o tribunal retira de certos factos conhecidos para afirmar a responsabilidade de uma pessoa; quando existe culpa presumida, recai sobre a pessoa o encargo de provar que não teve responsabilidade na ocorrência do acidente

Danos emergentes: danos provocados no património do lesado; assim acontece com os provocados no veículo acidentado ou com as despesas médicas ou hospitalares

Léxico

efectuadas por causa das lesões sofridas; contrapõem-se aos lucros cessantes que representam uma perda de ganhos que poderiam ocorrer, como por exemplo, os decorrentes de salários ou outros rendimentos que deixaram de ser recebidos

Danos materiais: prejuízo causado em coisas ou no património de uma pessoa

Danos morais: lesão de direitos de natureza pessoal que não são susceptíveis de avaliação em dinheiro correspondendo, por exemplo, a dores físicas, sofrimentos psicológicos, angústias, etc.

Danos não patrimoniais: o mesmo que danos morais

Direcção efectiva do veículo: exercício do poder de facto sobre o veículo; em regra, pertence ao proprietário, mas pode pertencer ao que detém o veículo por empréstimo, por contrato de aluguer (p. ex. aluguer de longa duração), por contrato de *leasing* ou de locação financeira ou por compra e venda com reserva de propriedade

Direito de regresso: direito de exigir o reembolso de determinada quantia

Dolo: comportamento intencional do agente relativamente à prática de certo facto; pode assumir as variedades de dolo directo, de dolo necessário ou de dolo eventual; no dolo eventual, a pessoa está ciente da possibilidade de ocorrer um determinado resultado e, no entanto, aceita-o

Força maior: acontecimento imprevisível e que não poderia ser evitado com as precauções normais; é o que, por exemplo, sucede quando o veículo é atingido inesperadamente por tornado ou pela queda de uma árvore

Franquia: quantia que é suportada pelo segurado em caso de existência de sinistro, marcando o valor a partir do qual a seguradora assume a responsabilidade

Furto: subtracção de um bem patrimonial contra a vontade do seu proprietário

Lucros cessantes: frustração de benefícios que o lesado fundadamente esperava obter se não tivesse ocorrido a lesão;

assim acontece, p. ex., com os salários ou outros rendimentos que não puderam ser recebidos em consequência de incapacidade para o trabalho

Negligência: incumprimento não intencional de regras ou de deveres de cuidado; o mesmo que imprevidência, imprudência, inconsideração, leviandade

Prémio de seguro: quantitativo a cargo do tomador do seguro (em geral o segurado), como contrapartida da transferência do risco para a seguradora

Presunção: ilação que a lei ou o tribunal pode extrair de determinados factos conhecidos para retirar uma certa conclusão; a existência de uma presunção faz recair sobre a pessoa a ela sujeita o encargo de provar o contrário

Responsabilidade objectiva: obrigação de reparar danos causados a terceiros independentemente da existência de culpa

Responsabilidade pelo risco: o mesmo que responsabilidade objectiva

Roubo: apropriação de um bem patrimonial de terceiro contra a sua vontade e com uso de violência (p. ex. *carjacking*)

Segurado: pessoa no interesse da qual é celebrado o contrato de seguro, coincidindo, em regra, com o tomador do seguro

Deguro de danos próprios: contrato mediante o qual a seguradora assume a responsabilidade pela indemnização de danos causados em bens do segurado, por exemplo, no próprio veículo automóvel

Tomador do seguro: pessoa que celebra o contrato de seguro com a seguradora, sendo responsável pelo pagamento do prémio; em geral é o próprio segurado

União de facto: situação em que duas pessoas vivem em comunhão de leito, mesa e habitação em condições análogas às dos cônjuges, isto é como se fossem casadas, e a que a lei reconhece determinados efeitos jurídicos desde que preenchidas certas condições, designadamente a de a relação durar há mais de 2 anos

Valor venal do veículo: valor do veículo, à data do sinistro, para efeitos de determinação da indemnização devida ou da possibilidade de ser exigida a sua reparação

Velocidade adequada: aquela que respeite os limites máximos e mínimos previstos e que, de acordo com as circunstâncias, permita que seja realizadas manobras com segurança; especialmente, deve permitir fazer parar o veículo no espaço livre e visível à sua frente

Velocidade excessiva: aquela que seja superior ao limite que se encontre concretamente estabelecido, que não permita realizar com segurança as manobras e, especialmente, que não permita ao condutor parar o veículo no espaço livre e visível à sua frente

Visibilidade insuficiente: sempre que o condutor não consiga ver a faixa de rodagem, em toda a sua largura, numa extensão de, pelo menos, 50 metros

Visibilidade reduzida: o mesmo que visibilidade insuficiente